Land und Leute

Reise-Infos von A bis Z

Tour 1: Die Nord-Süd-Querung

Tour 2: Eine West-Ost-Querung

Die Radtour

Die Skitour

Geografische Begriffe und Index

Auf dem Weg nach Heinseter

Band 41

OUTDOORHANDBUCH

Tonia Körner

Norwegen:
Hardangervidda

DER WEG IST DAS ZIEL

© Copyright Conrad Stein Verlag.
Alle Rechte vorbehalten.

Der Nachdruck, die Übersetzung,
die Entnahme von Abbildungen, Karten, Symbolen,
die Wiedergabe auf fotomechanischem Wege (z.B. Fotokopie)
sowie die Verwertung auf elektronischen Datenträgern,
die Einspeicherung in Medien wie Internet
(auch auszugsweise) sind ohne vorherige
schriftliche Genehmigung des Verlages unzulässig und strafbar.

Alle Informationen, schriftlich und zeichnerisch,
wurden nach bestem Wissen zusammengestellt und überprüft.
Sie waren korrekt zum Zeitpunkt der Recherche.
Eine Garantie für den Inhalt, z.B. die immerwährende Richtigkeit
von Preisen, Adressen, Telefon/Faxnummern
sowie Internet-Adressen, Zeit- und sonstigen Angaben
kann naturgemäß von Verlag und Autor,
auch im Sinne der Produkthaftung, nicht übernommen werden.

Der Autor und der Verlag sind für Lesertips und Verbesserungen
(besonders als E-Mail oder auf Diskette)
unter Angabe der Auflagen- und Seitennummer dankbar.

Leser, deren Einsendung verwertet wird,
werden in der nächsten Ausgabe genannt
und erhalten als Dank ein Exemplar
der neuen Auflage oder
ein anderes Buch ihrer Wahl
aus dem Programm des Verlags.

OutdoorHandbuch aus der Reihe Der Weg ist das Ziel, Band 41

Norwegen: Hardangervidda

ISBN 3-89392-141-9,   2. völlig überarbeitete und erweiterte Auflage 2001

® Outdoor ist eine eingetragene Marke für Bücher des Conrad Stein Verlags

Dieses OutdoorHandbuch wurde konzipiert und redaktionell erstellt vom
Conrad Stein Verlag, In der Mühle, 25821 Struckum
☎ 04671/931314, FAX 04671/931315
✉ <outdoor@tng.de>   🖥 <http://outdoor.tng.de>
für die OutdoorHandbuch Stein KG, Struckum.

Unsere Bücher sind überall im Buchhandel und in cleveren Outdoorshops
in Deutschland, Österreich und der Schweiz erhältlich.
Auslieferung für den Buchhandel:
Ⓓ Prolit, Fernwald und alle Barsortimente,
Ⓐ freytag & berndt, Wien,
🄲🄷 AVA-buch 2000, Affoltern und Schweizer Buchzentrum.

Text: Tonia Körner und Birgit Köhler
Fotos: Tonia Körner und Tim Körner
Lektorat und Layout: Inga Klingner
Gesamtherstellung: Breklumer Druckerei, 25821 Breklum

Dieses OutdoorHandbuch hat 171 Seiten mit 12 Karten und 19 farbigen sowie
26 s/w-Abbildungen. Es wurde auf chlorfrei gebleichtem Papier gedruckt und
der besseren Strapazierfähigkeit wegen fadengeheftet.

002480012800

Inhalt

Land und Leute	12
Geschichte	13
Geografie, Geologie	17
Klima und Wetter	20
Flora	22
Fauna	24
Übersichtskarte	28
Reise-Infos von A bis Z	30
Angeln, Anreise nach Norwegen	31
Anreise innerhalb Norwegens	35
Ausrüstung	38
Diplomatische Vertretungen	48
Einreisebestimmungen	49
Feiertage und Feste, Geld	50
Gesundheit, Foto und Film	51
Information	52
Jedermannsrecht	53
Karten	54
Literatur	55
Markierung und Wegzustand	56
Naturgefahren	57
Organisierte Touren	59
Post, Fahrradvermietung	60
Reisezeit, Sprache	61
Telefon, Tageslicht	62
Unterkunft	63
Verpflegung	67
Wandertouren - Planung und Vorbereitung	70
Tour 1: Die Nord-Süd-Querung	72
Etappe 1: Finse - Rembesdalseter	73
Abstecher zur Gletscherzunge Blåisen	76
Etappe 2: Rembesdalseter - Liseth	76
Abstecher zum Vøringsfossen	81
Etappe 3: Liseth - Hedlo	82
Variante nach Hedlo über das Fljotdalsfjellet	85
Etappe 4: Hedlo - Torehytten	87

Variante über das Grønodalen	88
Variante direkt zum Hårteigen	88
Etappe 5: Torehytten - Litlos	90
Gipfelbesteigung Hårteigen	92
Etappe 6: Litlos - Hellevassbu	94
Etappe 7: Hellevassbu - Haukeliseter	97

Tour 2: Eine West-Ost-Querung 101

Etappe 1: Røldal - Middalsbu	104
Variante von Bråstøl	106
Variante über das Austdalen	110
Etappe 2: Middalsbu - Litlos	111
Variante über das Vassdalen	113
Etappe 3: Litlos - Sandhaug	114
Etappe 4: Sandhaug - Rauhellern	118
Etappe 5: Rauhellern - Heinseter	122
Etappe 6: Heinseter - Tuva	125
Etappe 7: Tuva - Geilo	127
Variante Tuva - Ustaoset	127
Variante über Kikut/Hakkesetstølen	130

Die Radtour 133

Rallarvegen	134
Etappe 1: Haugastøl - Finse	136
Etappe 2: Finse - Vatnahalsen	142
Etappe 3: Vatnahalsen - Flåm	145
Abstecher: Flåm - Aurland - Skjerdal	149
Etappe 4: Vatnahalsen - Myrdal - Voss	152

Die Skitour 155

Etappe 1: Rauland - Hamaren	158
Etappe 2: Hamaren - Mogen	162
Etappe 3: Mogen - Gardar	163
Etappe 4: Gardar - Skinnarbu	163

Geografische Begriffe und Index 167

Vorwort

Die Hardangervidda gilt als eines der beliebtesten Tourengebiete Norwegens. Einerseits, weil die Hochebene keine hohen technischen Ansprüche an den Wanderer stellt, daher für jedermann zugänglich und sehr familienfreundlich ist. Andererseits, weil man sie wegen ihrer zentralen Lage in Südnorwegen und günstigen Verkehrsanbindungen leicht erreichen kann.

Für den Skiläufer offeriert sie eine ganze Palette interessanter Touren in einem Areal, das als eines der schneesichersten in Skandinavien gilt.

Und der Radweg *Rallarvegen* entlang der Bergen-Bahn avancierte in den letzten Jahren zu einer der Touristenattraktionen schlechthin.

Das Hochfjellplateau gehört ebenfalls zu den am besten erschlossenen Wildnisgebieten Norwegens. Das Netz markierter Wanderwege umfaßt etwa 1.200 km und wird durch ein dichtes Netz von Hütten ergänzt. Jährlich stürmen über 25.000 Besucher die Hochebene. Dennoch vermittelt das Fjellgebiet immer noch ein grandioses Naturerlebnis in einer wilden und einsamen Landschaft. Das Gebiet ist riesengroß, und die zahlreichen Wanderrouten lassen sich beliebig kombinieren, so daß sich in der Regel alles gut verteilt.

Mit diesem Buch möchte ich Sie durch diese einmalige Landschaft führen, gleichzeitig aber auch auf deren äußerst sensiblen Charakter hinweisen. Schäden, die insbesondere Flora und Fauna zugefügt werden, sind meistens irreparabel. Im Hinblick auf die steigenden Besucherzahlen bedarf es der Anstrengung jedes einzelnen, damit diese facettenreiche Landschaft auch künftigen Generationen erhalten bleibt.

Danke

An erster Stelle danke ich meinen Freunden Birgit Köhler, Matthias Kaun sowie Tim Körner, ohne deren tatkräftige Unterstützung und viele Anregungen das Buch nicht zustande gekommen wäre.

Außerdem möchte ich mich noch bei meinen Freunden im Versandbüro der Kieler Nachrichten und meinen Eltern bedanken, die immer Hilfe geleistet haben, wenn es wieder einmal "brannte".

Tonia Körner

Über die Autorin

Die freiberuflichen Reisejournalistin Tonia Körner durchstreift seit Jahren die Nordländer. Nach dem Motto "Den Norden zu jeder Jahreszeit" erkundet sie zu Fuß, mit dem Fahrrad oder den Skiern die nördlichen Gefilde. Von Tonia Körner ist im Conrad Stein Verlag außerdem das OutdoorHandbuch *Norwegen: Jotunheimen* erschienen.

Symbole und Abkürzungen

	bewirtschaftete Hütte		geöffnet
	Hotel		Getränkekiosk, Bar
SB	Hütten mit Selbstbedienung	↑	Höhengewinn
DNT	Privathütten mit DNT-Rabatt	↓	Höhenverlust
	Jugendherberge	⇔	hin und zurück
	Wildcamping möglich		Information
	Wohnmobil, Camper		Kirche, Friedhof
	Zeltmöglichkeit		Krankenhaus, Arzt
	Café		Museum
	Gelegenheit zum Tee-, Wasserkochen		Parkplatz
	Achtung, Vorsicht		Polizei
	Apotheke		Post
	Aussichtspunkt	×	Restaurant, Imbiß
	Auto, Leihwagen		Sanistation
	Bademöglichkeit		Ski/Abfahrt
BANK	Bank		Ski/Langlauf
	Bootstouren; Fähre		Stromanschluß
	Dusche		(öffentliches) Telefon
	Einkaufsmöglichkeit	☺	Tip
	E-mail	☞	Verweis
	Internet		Waschmaschine
⊃	Entfernung	DNT	Den Norske Touristforening
	Enttäuschung	S	Sommerbrücke
	Fahrradverleih	H	Ganzjahresbrücke

Zweifellos stellt die Hardangervidda eines der schönsten Hochfjellplateaus Skandinaviens dar...

Vidda bedeutet "die Weite - das Hochplateau". Die Landschaft begeistert durch ein vielfältiges Erscheinungsbild, im Süden und Westen mit bis zu 1.700 m hohen Gebirgskämmen, tiefen Tälern, beeindruckenden Fjorden und imposanten Gletschern. Jedoch wird der überwiegende Teil in der zentralen und östlichen Vidda durch das Plateaufjell bestimmt mit größtenteils welliger, überschaubarer Oberfläche in einer Lage von meist über 1.000 m. Es sind ausgedehnte, offene, fast platte Flächen, übersät mit unzähligen Seen, Flüssen, Bächen und Mooren.

Ortschaften finden sich nur am Rande der Hochebene. Die einzigen Behausungen, auf die man trifft, sind die Hütten der Wandervereinigungen, einige private Hütten, sowie alte Gebirgsbauernhöfe (norw. *seter*) und ehemalige Schutzhütten (☞ Tour 2, Etappe 6), die meisten nur noch Ruinen.

Fünf Touristenverbände arbeiten gemeinsam daran, die Wege und Hütten mit Rücksicht auf die Natur zu unterhalten und auszubauen. Der größte unter ihnen und gleichzeitig der Dachverband ist der norwegische Gebirgswanderverein *Den Norske Turistforening* (DNT).

Auf der Hardangervidda lassen sich viele interessante Begebenheiten bereits aus den Namen zahlreicher Plätze ableiten (☞ Kleiner Sprachführer). **Gravskar** und **Graveide** erzählen einem von Tierfallengruben (*Grav* = dt. Grube). **Olavsbu** und **Olavsbuheii** westlich von Krækkja wurden nach St. Olav benannt, Norwegens Schutzheiligen. Der Bischof von Stavanger überquerte die Hochebene, wenn er die abgelegenen Diözesen in Hallingdal und Valdres besuchte. Der Name **Biskopbu** ist der einzige verbliebene Beweis dafür. In **Halne** (auch Halfna) an der Bundesstraße 7 war man auf halbem Weg zwischen Hallingdal und Eidfjord. **Lusastein** in Songadalen im Süden berichtet, daß die Schutzhütte hier lausig war. Eine Stelle in der Nähe von Rauland, wo Märkte abgehalten wurden, hat einen eher sonderbaren Namen - **Saltpytt**. Ein Packpferd verlor dort einen Sack mit Salz in einem Teich und schuf so wohl den damals einzigen Salzsee Norwegens. *Lågen* bedeutet flüssig und hat eine gemeinsamen Ursprung mit dem englischen *lake*, dem französischen *lac* und dem italienischen *lago*. Berge und Gebirgskämme besitzen eine große Auswahl an Namen. Einige von ihnen beschreiben ihre Form. *Nut* und *Nobb* sind nahezu rund, dagegen weist *Hovd* (dt. Kopf) auf eine spitze Form hin. Manche Gipfel haben Namen, die die Tageszeit von einem bewohnten Platz aus gesehen anzeigen. Wenn die Sonne in der Mitte des Morgens über einem Berg erschien, so wurde dieser *Memorgenuten* genannt, in der Mitte des Tages (zur Mittagszeit) *Middagsnuten*.

Aber kein Gipfel auf der Hardangervidda ist so prominent wie der **Hårteigen**. *Harr* bedeutet "grau" und *teig* ist ein Stückchen von einem Land. Es kommt vom Altnorwegischen *teigr* und meint "zeigen", so daß Hårteigen als der "graue Wegweiser" interpretiert werden kann. Denn schließlich ist er von gewaltigen Entfernungen quer über die Vidda zu sehen.

Hardangervidda-Nationalpark

Seit Juni 1981 ist der zentrale Teil der Hardangervidda als Nationalpark ausgewiesen. Mit 3.430 km² ist dieser, abgesehen von Spitzbergen, der größte Nationalpark Norwegens. Die Größe wird einem erst so richtig im Vergleich mit z.B. dem Nationalpark Bayrischer Wald bewußt, der bescheidene 130 km² umfaßt. Zudem gliedern sich noch die Landschaftsschutzgebiete Skaupsjøen-Hardangerjøkulen im Norden und Møsvatnet-Austfjell im Süden an, die die unter Schutz gestellte Fläche zusätzlich erweitern.

Der Unterschutzstellung gingen jahrelange Diskussionen voraus, denn in diesem Gebiet stießen zwei große wirtschaftliche Interessensbereiche aufeinander. Da ist zum einen der Fremdenverkehr mit einer steigenden Zahl von Naturfreunden und Touristen aus dem In- und Ausland und zum anderen die Energiewirtschaft mit Plänen für eine verstärkte Ausnutzung der Wasserkraft. Umfangreiche Untersuchungen und Proteste, die bis zu wochenlangen Sitzstreiks am Rande des Vøringsfossen eskalierten, haben die jetzige Kompromißlösung ergeben. Die Kernbereiche der Hardangervidda mit ihrem noch weitgehend intakten Naturhaushalt werden geschützt, während die Randbereiche der Energiewirtschaft zur Verfügung stehen.

Mittlerweile zieht sich rund um das Hochplateau ein ganzes Netz von künstlichen Seen wie z.B. Valldalsvatnet und Møsvatnet im Süden und Rembesdalsvatnet, Sysenvatn und Ustevatn im Norden. Viele Flüsse wurden reguliert, die größten allerdings, wie Kinso, Veig, Kvenno und Dagalivassgraget, sind auch außerhalb des Nationalparks geschützt. Zumindest ein Teil der zahlreichen Wasserfälle konnte in ihrer Ursprünglichkeit erhalten bleiben.

Ein großes Areal im Süden zwischen Haukeliseter und Møsvatnet und unterhalb vom großen See Nordmannslågen ist von der Nutzung durch den Tourismus ausgeschlossen. Hier dürfen keine Wanderwege angelegt oder Hütten gebaut werden.

Dennoch, durch den deutlichen Aufstau einiger Seen in diesen Randbereichen läßt sich ein gewisser Einfluß leider nicht vermeiden. Die Konflikte sind noch keineswegs gelöst.

Land und Leute

Die zahlreichen Sümpfe und Moraste fordern einigen Einsatz

Geschichte

Obwohl die Hardangervidda als wildes Gebirgsplateau kaum besiedelt war, ist ihre Geschichte dennoch keineswegs langweilig. Vor Jahrtausenden wurden große Teile zumindest saisonal u.a. zur Jagd und zum Fischfang genutzt. Entsprechende Funde, z.B. Jagdgeräte und Tierfanggruben, lassen darauf rückschließen. In **vorgeschichtlicher Zeit**, bevor sich die klimatischen Verhältnisse änderten, war sie mit aller Wahrscheinlichkeit sogar dauerhaft bewohnt. Vor 7.000 Jahren kamen die ersten Menschen auf die Hardangervidda, und vor 5.000 Jahren verlegte sich die Waldgrenze in einer nacheiszeitlichen Wärmezeit auf 1.300 bis 1.400 m Höhe. Der überwiegende Teil der Vidda muß also damals bewaldet gewesen sein. Das bessere Klima ermöglichte Viehhaltung, erste Höfe entstanden. Bisher entdeckte man 250 Wohnplätze aus dieser Zeit. 500 v.Chr. kamen mit der Entdeckung der Bronze erste Metallgeräte in Gebrauch.

Am Anfang unserer Zeitrechnung wurde dann mit der Gewinnung von Sumpferz begonnen, das reichhaltig in den Mooren der Hochebene enthalten war. Das Ustedal zwischen Ustevatn und Geilo war von der jüngeren Eisenzeit bis in die Wikingerzeit um 1.000 n.Chr. eines der wichtigsten norwegischen Hüttengebiete.

In den vergangenen Jahrhunderten allerdings hat es Dauersiedlungen in der eigentlichen Vidda fast gar nicht gegeben. Ein Grund ist sicherlich auch die Zeit des schwarzen Todes, als die Pest von 1349 bis 1350 verheerend in Norwegen wütete. Über die Hälfte der Bevölkerung fand den Tod. Ganze Landstriche und Täler wurden entvölkert, Familien ausgelöscht. Es dauerte Jahrhunderte, bis sich Norwegen von diesem Schlag wieder erholte.

Außerdem stellte die Hochebene ein erhebliches Hindernis für den Handel zwischen dem Westen und dem Osten dar. Insbesondere im Winter zeigte sich die unwirtliche Hochebene von ihrer unangenehmsten Seite.

Spuren der **alten Handelswege** über die Hardangervidda, die ältesten Beweise für Kommunikation zwischen Hardanger im Westen und Telemark und Numedal im Osten, können noch immer gefunden werden. Diese Wege haben Namen wie **Nordre** (dt. nördlich), **Store** (dt. groß) und **Søndre** (dt. südlich) **Nordmannsslepa** (dt. Nordmännerweg), **Hardingslepa** (*Harding* = ein Mann vom Hardangerfjordgebiet), **Mælandsvegen** (dt. der Mælandweg). *Slep* kommt von dem Verb *slepe* = schleppen oder hinter sich herziehen, was einiges über den auf den Wegen herrschenden Verkehr aussagt.

Leichtere Waren wurden auf dem Pferderücken transportiert, während schwerere Waren auf Schlitten hinterher gezogen wurden. Die Waren mögen ein Kahn zum Fischen in den Seen oder Eisen von den zahlreichen Produktionsstätten

(☞ Die Skitour, Etappe 1) entlang der Hochebene gewesen sein. Das meiste Eisen wurde bis in das 16. Jh. hinein im Sysendalen hergestellt. Etwa 1.000 m³ Schlacke wurde in Fet am Fluß Bjorei gefunden, was einer Eisenproduktion von 2.500 Tonnen entspricht.

Einer dieser Wege, **Store Nordmannsslepa**, verlief zwischen diesen Grubengebieten, was einen beträchtlichen Verkehr auf ihm zur Folge hatte. Deswegen ist er an vielen Stellen noch immer deutlich zu sehen und ähnelt einer tief ausgepflügten Furche, die bis zu 45 m breit sein kann, wo der Weg über Moränen führt. Auf den topografischen Karten ist nur noch der Store Nordmannsslepa in seiner vollen Länge eingezeichnet, obwohl er nicht immer sichtbar ist. An einigen Stellen laufen die markierten Wanderwege ein Stückchen auf den alten Handelswegen entlang oder kreuzen sie. Steinmänner wurden an ihnen entlang gebaut, von denen noch viele stehen.

Die Handelswege hatten ihre Blütezeit vom 17. Jh. bis zum Anfang dieses Jahrhunderts. Die Silberminen in Kongsberg verursachten einen rasch zunehmenden Handel zwischen Hardanger und Ostnorwegen. Zahlreiche Namen zeugen davon: Kongsbergnuten, Kongsbergvadet, Kongsberghelleren. Talg wurde zur Beleuchtung der Minen benötigt, woran in Ostnorwegen Mangel herrschte. 1744 erhielten die Silberminen innerhalb von zwei Monaten 16.200 kg Talg. Dieses wurde vollständig mit Pferden über die Vidda transportiert.

Es mag merkwürdig erscheinen, daß die Wege "Nordmännerpfade" genannt wurden. Dies rührte von der alten administrativen Einteilung Norwegens in Nordenfjellske und Søndenfjellske Gebiete her, nämlich nördlich und südlich der Berge. Gesehen vom relativ flachen Land um den Oslofjord herum, wurde alles Land, das nördlich und westlich der umgebenden Berge lag, als Norden betrachtet. Daher waren die Leute im Hardangerfjordgebiet einfach Nordmänner.

Gerade auch im **Industriezeitalter** spielte die Hardangervidda eine bedeutende Rolle in der Geschichte. Der norwegische Ingenieur Sam Eyde und Kristian Birkeland, ein Naturwissenschaftler, waren die ersten, die Anfang dieses Jahrhunderts das enorme Wasserkraftpotential der Hardangervidda entdeckten und zu nutzen wußten. Düngemittel wurden aufgrund des explodierenden Bevölkerungswachstums überall auf der Welt dringend benötigt. Wasserkraftwerke schossen wie Pilze aus dem Boden, die die nötige Energie lieferten, für u.a. die meist technisch hochentwickelte Elektrochemiefabrik der damaligen Zeit.

Es war nicht weniger als eine Revolution für das abgelegene Vestfjorddalen am Südrand der Hardangervidda, wo 1907 nur 50 Familien von der Landwirtschaft lebten. Kaum 10 Jahre später war es eine pulsierende Industriegemeinde mit 10.000 Einwohnern, und ihre Stadt Rjukan trieb Handel über die ganze Welt. Das alte Wasserkraftwerk Vemork war 1911 das größte der Welt. Was im Vestfjordalen geschah, vollzog sich auch überall im Land. Rjukan behält jedoch eine

Sonderstellung als "der" historische Platz der ersten schweren Industrie Norwegens.

Die industrielle Revolution nahm nicht nur großen Einfluß auf die Natur, sondern löste ebenfalls den Verfall der Traditionen und alter Lebensweisen aus. Bis dahin herrschte eine Bauerngesellschaft vor, in der die Seterwirtschaft (☞ Fauna, Seterwirtschaft) wichtiger Bestandteil war. Doch die Leute waren meistens sehr arm. Mit der Entwicklung der Industrie zogen sie in die Städte, um Arbeit in den Fabriken zu finden. Eine Arbeiterklasse entstand, die die Arbeiter durch ökonomische, kulturelle und politische Bande zusammenschweißte. Dies war der Hintergrund der organisierten Arbeiterbewegung. Die industrielle Entwicklung befreite die Norweger von der Armut. Obwohl die Bezahlung schlecht war und die Schichten lang waren, bedeutete die Fabrikarbeit dennoch bessere Lebensbedingungen und größere Freiheit als in der alten Gesellschaft. Heutzutage zählt Norwegen wegen seiner Ölindustrie zu einem der reichsten Industriestaaten Europas.

Am 9. April 1940 wurde Norwegen von den Deutschen besetzt. Doch das riesige Areal der Hardangervidda war einfach zu groß und unzugänglich, um es unter Kontrolle zu bringen. Dies machte sich der norwegische Untergrund im **Zweiten Weltkrieg** zunutze. Rund um die Hochebene entstanden Widerstandsgruppen, die sich im Notfall schnell in die Berge flüchten konnten. Ideal war das menschenleere Gebiet auch für Flugzeugabsprünge. Zwar veranstalteten die Deutschen mehrfach großangelegte Razzien, einmal sollen sogar 3.000 Soldaten beteiligt gewesen sein, aber ohne Erfolg. Von besonderem strategischen Interesse war die Bergen-Bahn, über die der Versorgungsnachschub der deutschen Besatzungsgruppen an der Westküste mit Kriegsmaterial gewährleistet wurde. Zwischen dem 20. und 22. Dezember wurde Finse von britischen Flugzeugen bombardiert, wobei das Finsehotel teilweise zerstört wurde.

Wahrlich dramatisch waren die Ereignisse in den Kriegsjahren 1942 bis 1944. Kaum etwas war von so eminenter Bedeutung für den Ausgang des Zweiten Weltkrieges wie das Wettrennen der Nationen um die Erfindung der Atombombe. Sowohl auf deutscher als auch auf alliierter Seite unternahm man verzweifelte Anstrengungen bei der Entwicklung. Ein wichtiger Faktor bei der Herstellung von Atombomben ist das sogenannte **schwere Wasser** (ca. 10% schwerer als normales Wasser aufgrund eines speziellen Typs des Wasserstoffelements). Aber alle erhältlichen Vorräte an schwerem Wasser wurden in Rjukan produziert, das in der Hand der Nazis war. Dies löste eine der gewagtesten Sabotageaktionen des Zweiten Weltkrieges aus.

Es begann im März 1942, als ein einsamer Fallschirmspringer über der Hardangervidda ausgesetzt wurde. Im Oktober folgten auf die gleiche Weise vier norwegische Widerstandskämpfer. Die Aufgabe der Gruppe, die den Codenamen

Grouse (dt. Moorhuhn) erhielt, war, den Sabotageakt vorzubereiten. Keine einfache Aufgabe in der harten Wildnis der Hochebene. Viele lange Tage waren sie ohne jeglichen Kontakt zur Außenwelt. Einen Monat später wurde eine britische Sabotagegruppe ausgesandt. Doch dieser Versuch endete in einem Desaster, denn die Landung mittels Segelflugzeuge beim See Møsvatnet, die von großen Transportflugzeugen von England herüber geschleppt wurden, mißglückte. Wer den Absturz überlebte, wurde von den deutschen Besatzern erschossen.

Trotzdem blieb die Grouse-Gruppe intakt. Unter ihrem neuen Codenamen *Swallow* (dt. Schwalbe) zogen sie sich über den Winter ins Herz der Hardangervidda zurück. Ihre verbliebenen Nahrungsvorräte wurden mit wildem Rentier ergänzt, wenn sie mit etwas Glück eins erlegen konnten. Um überleben zu können, waren sie sogar gezwungen, die Eingeweide zu essen. Schließlich wurde am 16. Februar 1943 erneut eine Sabotagegruppe ausgesandt. Diesmal kamen die Fallschirmspringer in einen Blizzard und landeten weit abgeschlagen von ihrem Bestimmungsort. Endlich konnte es am Abend des 27. Februars 1943 losgehen. Nach einem abenteuerlichen Abstieg über die steilen Felshänge hinunter zum Vemorkwerk gelang es ihnen, die Tanks mit schwerem Wasser in die Luft zu sprengen, ohne daß die ahnungslosen deutschen Wächter irgend etwas merkten.

Danach teilten sich zwei Gruppen auf. Eine erreichte auf Skiern quer durch Norwegen das neutrale Schweden, während der Rest auf dem Hochplateau verblieb. Geschickt vermieden sie die Gefangennahme durch die vielen deutschen Patrouillen, die die Vidda immer wieder durchkämmten, um sie dem Erdboden gleichmachen zu können. Währenddessen hielt die Sabotagegruppe beständigen Funkkontakt zu den alliierten Kräften in London bis zum Ende des Krieges aufrecht.

Doch das Problem schweres Wasser war keineswegs gelöst. Die Fabrik wurde wieder aufgebaut. Um diese erneute Bedrohung zu beseitigen, entschlossen sich die Alliierten am 16. November 1943 das Vemorker Wasserkraftwerk und die Fabrik zu bombardieren.

Insgesamt 140 Flugzeuge rückten an und zerstörten alles völlig. Der Angriff kostete jedoch 20 Norwegern das Leben. Leider konnte auch ein Teil des schweren Wassers gerettet werden, das von Rjukan nach Deutschland gebracht werden sollte. Die schwächste Stelle in der Kette war die Eisenbahnfähre über den großen See Tinnsjø. In der Nacht, bevor die Fähre ablegen sollte, schaffte es die Sabotagegruppe von der Hardangervidda, eine Zeitbombe an Bord zu plazieren. Am Sonntag, den 20. Februar 1944, explodierte die Fähre mitten auf dem See und sank. Neben vier deutschen Bewachern kamen auch 14 norwegische Zivilisten um. Ein Preis, der bezahlt wurde, dafür war der Kampf um das schwere Wasser nun endgültig vorbei.

Geografie

Mit einer Fläche von mehr als 9.000 km² ist die Hardangervidda das größte Hochfjellplateau Europas. Das entspricht knapp 3% der Landesfläche Norwegens. Gelegen im zentralen Südnorwegen zwischen Oslo und Bergen, erstreckt sie sich von Westen nach Osten über ungefähr 120 km und von Norden nach Süden über ca. 100 km. Der Hauptteil der Hochebene gehört zum Verwaltungsbezirk der Provinzen **Hordaland** im Westen (Gemeinden Odda, Ullensvang und Ulvik am Hardangerfjord) und **Telemark** im Südosten (Vinje und Tinn). Nur ein kleiner Teil von ca. 1.900 km² wird den Buskerud-Gemeinden Nore-Uvdal und Hol im Nordosten zugeordnet. Der Luftlinienabstand zu den großen Küstenstädten Oslo, Larvik, Stavanger, Haugesund und Bergen im Süden Norwegens beträgt weniger als 150 km. Nur von Kristiansand im äußersten Süden sind es knappe 180 km. Verkehrstechnisch wird die Nordseite durch die berühmte Bergen-Bahn (☞ Radtour, Die Bergen-Bahn) erschlossen, während der Südrand von der E 76 tangiert wird.

Im Westen bildet der **Hardangerfjord** eine natürliche Grenze, zu dem das Hochplateau abrupt steil abfällt. Deswegen lassen sich gerade hier zahlreiche spektakuläre **Wasserfälle** finden wie der Låtefossen bei Odda, der Valurfossen im Veigtal, der Tveitafossen bei Kinsarvik oder der bekannteste unter ihnen, der Vøringfossen im Måbødalen (☞ Tour 1, Etappe 2). Die Flüsse haben hier tiefe Furchen in den Plateaurand eingegraben.

Im Osten wird die Vidda durch das große **Numedalen** umschlossen. Im Norden besitzt sie durch die Eiskappe des **Hardangerjøkulen** und den hoch aufragenden Gebirgszug **Hallingskarvet** mehr oder weniger markante Grenzen. Im Süden liegen die riesigen **Seenflächen** des Møsvatnet, Totakvatnet und Songavatn.

Geologie

Norwegen - ein Land, wo man noch heute spürt, mit welcher Kraft sich die Gesteine und damit das Aussehen der Erde fortwährend ändert. Außerdem steht man auf der Hardangervidda ganz alten, aber auch ganz jungen Gesteinen und landschaftsformenden Prozessen gegenüber, ein Fenster in die Tiefe der Erdgeschichte.

Die Plattentektonik, das Transportmittel der Kontinente, hat es Skandinavien, dem sogenannten Baltischen Schild, ermöglicht, sich vom Südpolargebiet, wo es sich noch vor ca. 500 Mio Jahren aufhielt, auf den Weg nach Norden zu machen. Unfälle lassen sich auf einer so langen Reise nicht unbedingt vermeiden, und so kam es etwa in Höhe des Äquators zu einem folgenschweren Zusammenstoß mit der Platte Laurentia, in dem sich das heutige Nordamerika, aber auch England wiederfinden lassen. Mit ungeheurer Kraft bewegten sich die Kontinente aufeinander zu, so daß die Gesteine stark zusammengefaltet und aufeinandergeschoben wurden.

Diese sogenannte **Kaledonische Gebirgsbildung** vor ca. 450 Mio Jahren hat das Skandinavische Hochgebirge, aber auch auf der "anderen Seite" die Appalachen geschaffen. Druck und Temperatur bei der Gebirgsbildung haben in ca. 100 Mio Jahren die bereits aus dem Erdaltertum (Präkambrium) stammenden Gesteine verändert. Minerale haben sich umgewandelt und neue sind entstanden, was Norwegen auch zu einem Eldorado für Mineraliensammler gemacht hat.

Um heute hier noch so viel von den uralten Gesteinen erkennen zu können, müssen wir einen riesigen Zeitsprung unternehmen: ungefähr 35 Mio Jahre später, im Tertiär, kühlte sich das angenehm subtropische Klima langsam ab, dann vor ca. 2 Mio Jahren, dem Beginn des Quartärs, wurde es dramatisch kälter, und eine mächtige Eisdecke von bis zu 3.000 m bedeckte schließlich das Festland. Eine Landschaft wie etwa im heutigen Grönland war entstanden.

Kleine Klimaveränderungen führten dazu, daß die Eismassen sich nicht statisch verhielten, sondern sich während der verschiedenen **Eiszeiten** nach Süden ausbreiteten und sich zwischendurch auch wieder nach Norden zurückzogen. So wechselten also mehrmals Gefrier- mit Auftauphasen. Erst vor ca. 15.000 Jahren begann das Eis endgültig zu schmelzen und war 5.000 Jahre später nur noch auf Skandinavien beschränkt.

Heute sind nur noch kleine Reste übrig, wie z.B. der Jostedalsbreen, Hardangerjøkulen oder der Folgefonn.

Die Landschaft der Hardangervidda mit ihrer weiten flachkuppigen Morphologie, nur überragt von einzelnen Kuppen oder Höhenzügen, und den zahlreichen Wasser- und Sumpfflächen ist eine typische **Fjellandschaft**. Sie ist geprägt vom Eis, das hier einmal alles bedeckt und sich von hier aus langsam bergab Richtung Küste bewegt hat. Das Eis nahm auf seinem Weg alles lockere Material mit, und zusätzlich wurde der felsige Untergrund durch die mitgeschleppten großen Mengen an Gesteinsschutt, die wie Schleifmittel wirken, abgescheuert und poliert.

Abhängig von der Härte und der Struktur der Gesteine konnte das Eis, aber auch Wasser und Wind z.T. tiefe Täler aushobeln. Täler, die vom Eis geschaffen wurden, erkennt man an dem typischen U-förmigen Querschnitt, sie werden daher auch als Trogtäler bezeichnet.

Flußtäler dagegen haben einen V-förmigen Querschnitt. Welche Kraft und Wirkung das Eis hatte, zeigt sich an den Fjorden, die bis zu 1.000 m tief und mehr in das umgebene Gebirge eingegraben sind.

Aber auch im Kleinen zeigt sie sich in den blank geschliffenen, rundlichen Felskuppen oder -hängen, die manchmal zahlreiche parallele, tief eingekerbte Riefen aufweisen, sogenannte Gletscherschrammen, die mitgeführte Gesteinsbrocken durch den Druck des Eises erzeugt haben. An ihnen kann man auch die Bewegungsrichtung der Gletscher ablesen.

Den mitgeschleppten Gesteinsschutt lagerte der Gletscher jeweils am Rand ab. Diese Aufwallung aus verschiedensten Gesteinsbrocken ganz unterschiedlicher Größe und Art in einer graubraunen, feinkörnigen Grundmasse wird als **Moräne** bezeichnet. Je nach ihrer Lage spricht man von Seiten-, Grund- oder Endmoräne. An ihrer Lage kann man besonders das Vor und Zurück der Gletscher nachvollziehen und deren ursprüngliche Ausdehnungen erkennen. Das langsame Abschmelzen des Eises ließ neben den polierten Felsen und den Moränen auch eine wasserreiche Landschaft zurück. Kleine Flüsse und Seen zeichnen die vom Eis geschaffenen Vertiefungen nach.

Dort, wo die Gletscher ursprünglich das Meer erreicht haben und in dem Einflußbereich der Gezeiten ins Meer gekalbt haben, entstanden die **Fjorde**.

Je höher das Gebirge des Hinterlandes ist, desto tiefer reichen die Fjorde ins Land hinein, wie z.B. beim Hardangerfjord. Steil aufragende Felswände zeugen noch von dem alten Gletscherweg. Am Hardangerfjord läßt sich gut die typische Morphologie der Fjordlandschaft erkennen. Von der Hardangervidda als wasserspendende Hochfläche mit Plateaugletscher, Sümpfen und Mooren ergießt sich das Wasser über einen Wasserfall in das Trogtal des ehemaligen Gletschers.

So fließen die Bjoreia über den Vøringfoss und die Veig über den Valurfossen in einen langestreckten Binnensee, dessen Wasserspiegel etwas höher liegt als der des Fjordes. Ursache ist der Wall einer alten Moräne, der den See abriegelt, das ehemalige Ende des Gletschers. Der norwegische Name für diese Moräne ist *Eid*, daher der Name Eidfjord. Nach Überwindung dieser Barriere fließt das Wasser in den Fjord ab, dessen Grund allmählich immer tiefer abfällt, um dann aber im Mündungsbereich zum Meer wieder deutlich anzusteigen. Diese Unterwasserbarriere erschwert den Wasseraustausch mit dem offenen Meer.

Was sind das nun für Gesteine auf der Hardangervidda, die buckelige oder steinige Ebenen, Steilhänge und herrliche Aussichtspunkte bilden? Abgesehen von den jungen eiszeitlichen Ablagerungen der letzten paar tausend Jahre trifft man auf der Hochebene auf sehr alte Gesteine aus der Frühzeit der Erde mit einem Alter von etwa 500 bis 2.500 Mio Jahren. Es sind **kristalline Gesteine**, zu erkennen an ihrer unterschiedlich großen körnigen Zusammensetzung aus verschiedenen Mineralen. Häufig verbreitet sind auf der Hochebene Granite und Gneise. Als Hauptkomponenten sind rötliche und weiße Feldspäte, hellgrauer Quarz und schwarze, glänzende Glimmerplättchen, beim Granit gleichkörniger verteilt, während sie beim Gneis mehr in Bändern oder dünnen Lagen angeordnet sind. Diese Textur läßt den Granit auch mehr rundlich verwittern, während der Gneis einen mehr schichtigen, schiefrigen Charakter erhält.

Zeugen der extremen Naturgewalten sind ebenfalls die auffällig herausragenden Kuppen und Gebirgszüge wie z.B. der Hallingskarvet im Norden, Hårteigen und der Hardangerjøkulen. Sie sind Reste eines ausgedehnten Felsmassivs, das in der früheren Erdgeschichte die gesamte Hochebene bedeckte. Nur diese härtesten Teile des Gesteins widerstanden den Kräften der Verwitterung und Erosion.

An den unteren Hängen lassen sich meist stark geschieferte, schichtige, glimmerreiche Glimmerschiefer und -gneise oder die etwas dunkleren, manchmal grünlich schimmernden Phyllite ausmachen. An einigen Stellen befindet sich darüber noch eine aufgeschobene Kuppe aus Gneisen und Migmatiten. Diese können eine schöne, deutlich gebänderte, manchmal auffällig gefaltete Struktur haben, da diese Gesteine bei der Gebirgsbildung z.T. aufgeschmolzen wurden und sich beim Abkühlen die Minerale getrennt neu angeordnet haben.

Neben diesen alten kristallinen Gesteinen erstreckt sich im Westteil der Hardangervidda etwa zwischen Stavali - Heggjeitlane - Litlos - Hellevassbu ein Gürtel aus ebenfalls sehr alten **Kalken**. Sie fallen besonders durch das flachkuppige Gelände mit der artenreichen Krautvegetation (☞ Flora) auf.

Die Kräfte, die bei der Gebirgsbildung auf die Gesteine eingewirkt haben, haben nicht nur Gesteine aufgeschmolzen und neu kristallisieren lassen, sondern große Risse, sogenannte Störungen, erzeugt, an denen mächtige Gesteinspakete gegeneinander verschoben oder sozusagen abgebrochen sind. Sie lassen sich auch heute noch z.B. an auffällig hohen Steilkanten im Gelände, wie im Flåmsdalen, erkennen. Wasser und Eis wissen die Vorteile dieser Zonen zu nutzen, denn hier läßt es sich im z.T. zerbrochenen Gestein viel leichter einen Weg bahnen.

Klima und Wetter

Im Vergleich zu den Alpen kann die Hardangervidda nur geringe durchschnittliche Höhen zwischen 1.100 m und 1.200 m aufweisen. Dadurch sollte man sich allerdings nicht täuschen lassen, denn aufgrund ihrer nördlichen Lage um den 60. Breitengrad herum, herrscht in diesen Höhen bereits ein **arktisches Klima** vor. Dies ist gekennzeichnet durch abrupte Wechsel von langen Wintern zu kurzen Sommern. Die Winter sind sehr kalt und bringen viel Schnee. Im Osten der Hochebene können die Wintertemperaturen auf - 40 ° abfallen. Oft bleibt der Schnee auf weiten Strecken bis Juni/Juli liegen und kann dem Wanderer sogar noch im August Schwierigkeiten bereiten (☞ Reise-Infos von A bis Z, Naturgefahren). Die für die höheren Lagen typischen plötzlichen Wetterstürze, die zu jeder Jahreszeit auftreten können, machen eine gute Vorbereitung und Ausrüstung notwendig (☞ Reise-Infos von A bis Z, Ausrüstung).

Andererseits sorgt der Golfstrom für die eigentlich für eine arktische Tundra (☞ Flora) untypischen wärmeren Temperaturen und die höheren Niederschläge. Ungewöhnlich für diesen Bereich sind zusätzlich die relativ großen Schwankungen der Tageslänge.

Auch im Sommer bleibt das Wetter einfach "norwegisch". Der Juli ist der regenreichste Monat. Doch auch in den anderen Monaten kann eine Tour auf der Hardangervidda zu einer ziemlich feuchten Angelegenheit werden. Die Durchschnittstemperaturen entsprechen zwar etwa denen bei uns im März, trotzdem können die Temperaturen schnell einmal auf über 18° klettern und einen wahren Massenansturm der Mücken auslösen.

Hinzu kommt, daß sich die West- und Osthardangervidda nicht nur durch ein unterschiedliches Landschaftsbild auszeichnen, sondern auch das Wetter präsentiert sich von zwei Seiten. Der gebirgigere Westen ist wesentlich durch ein feuchtes **maritimes Klima** geprägt. Höhere Niederschläge und viel Schnee im Winter sind die Folge. Bei an die 1.300 mm Niederschlag/Jahr (Frankfurt hat nur rund die Hälfte) sollte das Regenzeug allzeit griffbereit sein.

Dagegen fallen im Osten mit einem mehr **kontinentalen Klima** im Jahr durchschnittlich nur noch 600 mm, im Nordosten sogar nur 500 mm. Ähnlich verhält es sich bei den Temperaturen.

Der Westen steht unter dem Einfluß des Golfstroms, der für mildere Winter sorgt. Dafür erreichen die Temperaturen im Osten im Sommer in der Regel höhere Werte. Die Julimittel liegen im Westen bei rund 8,5 ° und im Osten bei rund 12 °. Daher gilt gerade der Nordosten als ein ausgesprochenes Schönwettergebiet, während man sich in Küstennähe üblicherweise auf ein paar Regentage einstellen muß.

Will man etwas über die **Windverhältnisse** erfahren, stiften die Vorhersagen in den norwegischen Zeitungen zunächst Verwirrung. Anstatt in Windstärken drücken sich die Norweger da etwas wortgewandter aus, wie nachstehend aufgeführt:

liten kuling	ein Lüftchen
kuling	sanfte Brise
stiv kuling	mäßige Winde
liten storm	steife Brise
storm	heftige Winde
full storm	Sturm
orkan	bis zu Windstärke 12

Flora

Was zieht Naturfreunde auf die weite Hochfläche der Hardangervidda mit nur einzelnen überragenden Gipfeln? Abgesehen von den Randbereichen liegt der größte Teil des Gebietes oberhalb der Baumgrenze und ist daher durch eine typische Tundrenvegetation geprägt. Diese Gleichförmigkeit läßt wenig Abwechslung in diesem südlichsten Ausläufer der Subarktis mit seinen Vertretern arktischer und subarktischer Lebensgemeinschaften vermuten. Aber unterschiedliche Dauer der Schneebedeckung, wechselnde Feuchtigkeits-, Kalk- und Nährstoffgehalte geben einer abwechslungsreichen Flora Nährboden. Hierzu trägt die Kombination von alpinen und arktischen Merkmalen dieses Gebietes (☞ Klima und Wetter) mit bei.

Bei nur zwei bis vier Monaten Vegetationszeit ist es daher trotzdem ungefähr 450 verschiedenen Pflanzenarten, die sich etwa 20 Pflanzengesellschaften zuordnen lassen, möglich, eine interessante und abwechslungsreiche Vegetation in dieser typischen Fjell-Landschaft zu schaffen.

✋ Dennoch ist die Vegetation sehr sensibel und benötigt unter diesen geologischen und klimatischen Bedingungen einen extrem langen Zeitraum zum Wachsen. Damit auch noch spätere Generationen den besonderen Charme der Hardangervidda erleben können, sollte man mit den vorhandenen Naturschätzen sorgsam umgehen (☞ Reise-Infos von A bis Z, Jedermannsrecht). Für jeden sollte es selbstverständlich sein, keine Pflanzen zu beschädigen, abzubrechen, auszugraben oder auszureißen, und dieses gilt nicht nur für die seltenen Pflanzen, sondern die gesamte Vegetation.

Die Baumgrenze liegt bei ca. 1.100 m über dem Meeresspiegel. In den tiefsten Lagen bis ca. 1.000 m dominiert der lichte **Nadelwald** mit den kleinwüchsigen Kiefern, deren Stämme oft verzweigt und dekorativ gebogen sind. Daran anschließend bilden Birken (überwiegend Moorbirke) niedrige, lichte **Laubwälder**, die die Vidda fast ringförmig umgrenzen. Häufig sind sie mehrstämmig und können als Schutz vor Kälte und Wind z.T. sehr flach, fast kriechend wachsen. Der grazile weißblühende Siebenstern oder der hellgelbe Wiesen-Wachtelweizen, aber auch der Nordische Eisenhut mit seinen leuchtend blauen Blütenständen bilden die Farbtupfer im artenreichen Unterwuchs meist aus Zwergsträuchern.

Oberhalb der Baumgrenze liegt die Hochfläche mit niedrigen Strauchfluren in den Schotterflächen. An den Berghängen oder geschützten Stellen der Kuppen mit mächtigerer Schneebedeckung im Winter finden sich sogenannte **Zwergstrauchheiden**. Verschiedene Heidekrautgewächse bilden zusammen mit der schwarzfruchtenden Krähenbeere, der roten Preiselbeere, der leckeren Blaubeere und der sehr ähnlich aussehenden Rausch- oder Moorbeere einen flachen, dichten, struppigen Bodenbewuchs, der bis zu Kniehöhe erreichen kann.

Eingestreut sind immer wieder hartblättrige Gräser. Auch dicke, weiche Flechten und Moospolster bedecken Boden und Felsen und verdecken dabei überwachsene Unebenheiten und Felsspalten.

In den **sumpfigen** und nährstoffreicheren **Niederungen** fallen vor allem die verschiedenen Wollgräser mit ihren büscheligen, weißen Samenständen auf. Dominant sind auch große Bestände der Blanken Segge. In den nährstoffärmeren Gebieten wächst die Moltebeere mit ihren orangefarbenen, brombeerähnlichen Früchten. Sie zeichnen sich übrigens durch einen hohen Vitamin-C-Gehalt aus. In den Tälern, wo eine mächtige Schneedecke lange die oft eiszeitlichen sauren Ablagerungen (☞ Geologie) bedeckt, hat sich auf dem gut durchfeuchteten Boden eine Vegetation aus Moosen und Krautweiden entwickelt. In mehr sandig-kiesigen Gebieten breiten sich große Borstgrasbestände aus. Die Moose können dicke, weiche Polster bilden, die eine trügerische Trittfestigkeit des Untergrundes vermitteln.

Von großer botanischer, aber auch optischer Vielfalt sind die schmelzwassergespeisten **Krautwiesen** in der westlichen Hardangervidda. Die hier in einem Streifen zwischen Stavali - Peisabotn - Heggjeitlane - Grøndalene - Litlos - Bjønnskallen - Hellevassbu (☞ Tour 1) auftretenden Phyllitschiefer und Kalke (☞ Geologie) haben einen basischen Nährboden für eine außergewöhnlich große Artenvielfalt geschaffen. Botanische Kartierungen haben mehr als 200 hier anzutreffende Arten ergeben.

Neben Wiesen aus Alpen-Rispengras haben sich viele farbenfrohe Polster- und Blütenpflanzen angesiedelt. So trifft man hier auf dekorative Steinbrechgewächse, Fingerkraut, den purpurroten Schnee-, den blauen Feld-Enzian und den besonders auffälligen, bis zu 60 cm hohen rotblühenden Purpur-Enzian.

Das Braunspitzige Läusekraut hat hier sein südlichstes Vorkommen. Auch zahlreiche Orchideen, wie der Mücken-Händelwurz, eine Orchidee aus der Familie der Knabenkäuter, tragen zur Vielfalt bei.

Große Vorkommen der Roten Nachtnelke und der kräftig rot blühenden Alpen-Pechnelke färben die Wiesen. Rosa blühende Polster des stengellosen Leimkrauts und die weißblühende Silberwurz bevorzugen die trockeneren Lagen.

In den höchsten Regionen der Gipfel und Bergkämme, aber auch sonst auf den Felsen oder Baumrinden finden sich immer wieder **Flechten**, eine Symbiose von Algen und Pilzen. Sie sind typische Pionierpflanzen und können selbst auf kahlen Felsen siedeln. Wie Ornamente bedecken sie in den verschiedensten Farben von gräulich über gelb, grün, braun bis fast schwarz den Stein. Mal in Bändern oder verschieden großen Flecken, mal fast wie ein zusammengesetztes Puzzle, mal flach sich kaum vom Untergrund erhebend, mal mehr schuppig blättrig oder faserig. Besonders bekannt ist die hellbläulichgrüne, büschelige Rentierflechte (☞ Fauna).

Mit einem offenen Auge für die Wegränder und Felsspalten lassen sich immer wieder interessante Pflanzen entdecken. Neben Blütenpflanzen wie Rosenwurz, Englischer Mauerpfeffer, Hornemanns Weidenröschen, diverse Steinbrechgewächsen sorgen auch verschiedene Farne, Moose und Pilze für ein belebtes Bild.

Neben der Blütenpracht im Sommer ist auch die Herbstfärbung ein besonderes Erlebnis. Gelbe Birkenblätter und rote Blätter der bodendeckend wachsenden Bärentraube leuchten um die Wette. Hinzu kommen die vielfarbigen Beeren.

Fauna

Auch in der Fauna kommen alpine und arktische Vertreter gemeinsam vor. Interessant ist daher, daß auf der Vidda Tiere ihre südlichste Verbreitung haben, die sonst eher typisch für die nördlichen Tundren sind. Neben ca. 100 Vogelarten (davon 61 mehr oder weniger regelmäßig brütend) sind 26 Säugetierarten vertreten, von denen sich 17 hier fortpflanzen.

Besonders attraktiv ist die Hardangervidda durch Europas größte Population wilder **Rentiere**, die gleichzeitig den größten Hochwildbestand Europas darstellt. Während 1930 nur noch ca. 1.500 wilde Rene gezählt wurden, hat sich seit Ende der 50er Jahre die Population stark vermehrt und umfaßt z.Zt. ca. 40.000 Tiere.

Um eine Überweidung vor allem der Flechten zu vermeiden, muß der Bestand jährlich durch Bejagung um ca. 10.000 Tiere reduziert werden, was die Tiere sehr vorsichtig und scheu gemacht hat. Zusammen mit dem Dovrefjell und Rondane bildet die Hardangervidda den Schwerpunkt des südnorwegischen Verbreitungsgebietes der wilden Rentiere, die sonst erst wieder in Karelien und auf der Halbinsel Kola vorkommen. Bei den in Lappland im Norden Norwegens verbreiteten Rentieren handelt es sich dagegen um domestizierte Herden.

Die Rentiere haben im Sommer ein braunes Fell mit weißlicher Halsfärbung, im Winter ist es eher weißlichgrau. Manchmal treten auch andere Färbungen auf, die auf eine Vermischung mit Nachfahren domestizierter Rentiere zurückzuführen sind (☞ Seterwirtschaft).

Kennzeichnend ist, daß Männchen und Weibchen beide ein Geweih tragen, das der Renkuh aber etwas kleiner ist. Dieses hängt auch mit dem insgesamt kleineren Körperbau zusammen, denn während der Renhirsch ca. 120 kg schwer ist, ist die Renkuh mit nur ca. 80 kg etwa ein Drittel kleiner. Sie haben eine Schulterhöhe von ca. 1 m und sind ca. 1,80 m lang. Auch wenn man die Tiere selber nicht zu Gesicht bekommen sollte, so trifft man doch immer wieder auf ihre zahlreichen Spuren.

Der Aufenthalt der Herden auf der Hardangervidda richtet sich vor allem nach dem Futterangebot. So wandern sie im Herbst ostwärts zu den Winterweideplätzen und im Winter westwärts zu den Frühlingsfutter- und Setzplätzen. Die Nahrung richtet sich nach dem Angebot der Jahreszeiten. Im Winter, etwa von Oktober bis März, stehen Flechten auf dem Speisezettel. Mit ihren Vorderhufen scharren sie gerade in den Hochlagen mit der niedrigeren Schneedecke den Schnee weg, um u.a. an die Rentierflechte (☞ Flora) heranzukommen.

Von April bis Mai werden die Flechten dann ergänzt durch Gräser, Blätter, Moose und Laub der Streuschicht. Ein besonderer Leckerbissen sind die frischen Blätter und Triebe der Zwergweiden und -birken. Von Juni bis September bilden dann Gräser die Hauptnahrung. So trifft man an warmen Sommertagen bevorzugt die Herden in den kleinen Schneetälern der Zwergstrauchheiden, wobei die Schneeflächen auch gerne aufgesucht werden, da sie zusätzlich etwas Schutz vor den lästigen Mücken bieten.

Natürliche Feinde des Rentieres waren früher Wolf, Luchs und Vielfraß. Während der Wolf seit Jahren nicht auf der Vidda gesehen wurde, sind **Vielfraß**, eine nordische Marderart etwa von der Größe eines mittleren Hundes, und **Luchs** heute sehr selten geworden.

Als kostbarstes Säugetier der Vidda gilt der **Eis-** oder auch **Polarfuchs**. Seine große Zutraulichkeit und sein begehrter Pelz haben diesen typischen Arktisbewohner an den Rand des Aussterbens gebracht. Obwohl seit 1930 unter Schutz gestellt, hat in Südnorwegen nur noch eine kleine Restpopulation von ca. 20 Tieren im Nationalpark überlebt. Ein Vorkommensort ist im Veigtal. Als Lebensraum ist er auf sandige Gebiete angewiesen, um sich einen Bau graben zu können. Gut getarnt paßt sich sein Fell der Umgebung an. Im Winter trägt dieser kleine Fuchs einen schneeweißen Pelz, und im Sommer hilft ihm eine graubraune Fellfarbe. Als Nahrung dienen ihm kleine Nagetiere, vor allem der Berglemming steht ganz oben auf seiner Speisekarte.

Häufiger als der Polarfuchs ist der **Rotfuchs**. Er ist zusammen mit dem Berglemming, der Nordischen Wühlmaus, dem Hermelin und dem Rentier das verbreitetste Säugetier auf der Vidda. Im wasserreichen Süden trifft man vereinzelt auf Biber. Auch der Amerikanische Nerz (*Mink*), ein Neubürger nach der Flucht aus Pelzfarmen, lebt inzwischen an Gewässern in ganz Süd- und Mittelskandinavien.

Der **Berglemming,** eine possierliche Wühlmaus von 14 bis 17 cm Größe, ist das verbreitetste Nagetier der skandinavischen Bergheiden. Er hat ein braungelbes Fell mit dunklerem Rücken und hellerem sandfarbenen Bauch und einen kurzen Schwanz. Er gräbt sich nicht in die Erde ein, sondern wühlt sich seine Gänge durch die verfilzte Zwergkrautschicht über der Erde. Bekannt sind die

Lemminge durch die in Abständen von ca. 3 bis 4 Jahren auftretende Massenvermehrung (Lemmingjahr). Nahrungsknappheit und Streß veranlassen die Tiere dann, in großen Zügen abzuwandern. Auf der Suche nach Nahrungsgebieten sind Seen und Flüsse kein Hindernis, denn sie sind gute Schwimmer. Die Strapazen der Wanderung und Seuchen führen aber trotzdem zum Massensterben, so daß nur wenige Tiere überleben.

Untersuchungen haben gezeigt, daß auch andere Tundrenbewohner (z.B. Spitzmäuse, Hermelin, Greifvögel, Polarfuchs, Schneehühner, Watvögel) sich alle 3 bis 4 Jahre sehr zahlreich vermehren. Eine Abhängigkeit besteht zwischen der Individuendichte der Beutetiere und der Vermehrung ihrer jeweiligen Freßfeinde, wobei sich ein zeitlicher Versatz ergibt.

Von den vorkommenden **Vögeln** als artenreichste Wirbeltierklasse auf der Vidda haben 10 Arten hier ihre südlichste Verbreitungsgrenze: Schnee-Eule, Gerfalke, Falkenraubmöwe, Eisente, Odinshühnchen, Temminckstrandläufer, Sumpfläufer, Doppelschnepfe, Ohrenlerche, Spornammer. Weitere 8 Arten haben ihre Südgrenze in unmittelbarer Nähe: Prachttaucher, Bergente, Trauerente, Samtente, Mornellregenpfeifer, Regenbrachvogel, Meerstrandläufer, Schneeammer. Allein dies weckt die Begeisterung der Ornithologen.

Der spektakulärste Vogel ist die **Schnee-Eule**. Sie gehört mit 50 bis 60 cm neben dem Uhu zur größten europäischen Eulenart. Ihre Heimat ist eigentlich in der Tundra um den Nordpol (subarktischer Charakter der Vidda), aber als umherstreifender Vogel brütet sie in nagetierreichen Jahren auch auf der Vidda. Das wichtigste Brutgebiet liegt um den See Nordmannslågen, wo 1959 als bisher größter Brutbestand 12 Paare gezählt wurden. Das Gefieder ist überwiegend weiß mit schwarz oder braun geflecktem Brustgefieder. Ältere Tiere können auch einfarbig weiß sein.

In den **Wälder** trifft man auf viele Vögel, die auch in Mitteleuropa beheimatet sind oder als Wintergäste durchziehen, wie Fitis, Baumpiper, Trauerschnäpper, Sumpfmeise, Bergfink, Heckenbraunelle, Gartenrotschwanz, Rohrammer, Rotdrossel und Wacholderdrossel. In den Tallagen gesellen sich auch noch Buntspecht und Schwarzspecht dazu. Ein häufiger Brutvogel im Birkenwald und Weidendickicht ist das Blaukehlchen. Mit seiner leuchtend blauen Brust zählt dieser etwa meisengroße Singvogel sicher zu den attraktivsten im nordischen Gebirge. Er wird im Volksmund auch Schwedische Nachtigall genannt.

Die **Krautwiesen** im Westen der Vidda (☞ Flora) sind ein besonders interessantes Gebiet für Vogelkenner, denn hier halten sich viele der typischen skandinavischen Gebirgsvögel auf.

Die beiden häufigsten Vogelarten des **Plateaufjells** sind Wiesenpiper und Steinschmätzer. Sie lieben trockene, offene Landschaften und teilen sich den Lebensraum mit Ohrenlerche, Sporn- und Schneeammer (im Sommer mit der kontrastreichen schwarzweiß-Färbung). Auch kann man den melancholischen Ruf des Goldregenpfeifers hören und trifft mit Glück auf den Mornellregenpfeifer, der trockene Bergmatten und Tundren liebt. Wegen der Bejagung hält das Alpenschneehuhn scheu Abstand.

An den **sumpfigen Stellen** des Fjells brüten die Strandläufer. Häufigster Vertreter ist der Alpenstrandläufer, seltener der Temminckstrandläufer, der sonst nur im Nordskandinavien vorkommt, und am seltensten der Meeresstrandläufer. Mit etwas Glück kann man in den großen Moorflächen der zentralen Vidda auf den scheuen Kranich treffen, wobei es wohl eher sein markanter Ruf ist, der seine Anwesenheit verrät. Auf und an den **Seen** tummeln sich zahlreiche Enten, u.a. Berg-, Trauer- und Samtente und Lemikolenarten. Das Odinshühnchen schwimmt in seinen typischen kreisenden Bahnen, um das Futter hochzuwirbeln, das dann nur noch aufgepickt werden braucht. An den Ufern fallen die Flußuferläufer durch ihr ständiges Wippen mit Schwanz und Kopf auf. Sie teilen sich das Revier mit Rotschenkel, Bekassine, Kampfläufer. Am Ufer des Holmevatn brüten Grünschenkel. Aber auch größere Vögel wie z.B. Sturmmöwe, Kolkrabe, Falke, Rauhfußbussard oder Sumpfohreule leben auf der Vidda.

Seterwirtschaft

Im Nationalpark soll die extensive Weidewirtschaft ebenso fortgeführt werden wie die Jagd und die Fischerei. So weiden im Sommer noch ca. 35.000 Schafe, 2.000 Ziegen und 1.000 Kühe auf der Vidda und erhalten einen kleinen Rest der ursprünglichen Almwirtschaft. Die Alm und Seterwirtschaft spielt aber heute nur noch eine untergeordnete Rolle.

Bereits vor 7 bis 8.000 Jahren kamen mit dem Ende der Eiszeit Menschen auf die Vidda. Neben Wohn- und Lagerplätzen wurden steinzeitliche Waffen und Fanggruben für Rentiere (bei Krækkja und Finse) dieser wandernden Jäger und Fischer gefunden. Bei der Rentierjagd wurden die Rene durch errichtete trichterförmige Leitmauern in die Fallgruben getrieben und dort getötet. Diese Jagdmethode war es, die das Wildren in Südnorwegen fast aussterben ließ, bis die Fallgrubenjagd im 18. Jh. verboten wurde. Seit ca. 1780 wurde auf der Vidda ebenso wie in Nordskandinavien die Rentierhaltung versucht. Das Nebeneinander von domestizierten und wilden Renen führte aber zu ständigen Problemen, so daß 1956 der letzte domestizierte Renverband von ca. 3.000 Tieren aufgegeben wurde. Halbzahme Rentiere gab es noch bis ca. 1970. Nach der Einstellung der Rentierhaltung ging auch die Seterwirtschaft zurück, und die wilden Rentierherden konnten sich wieder weitgehend ungehindert ausdehnen und vermehrten sich.

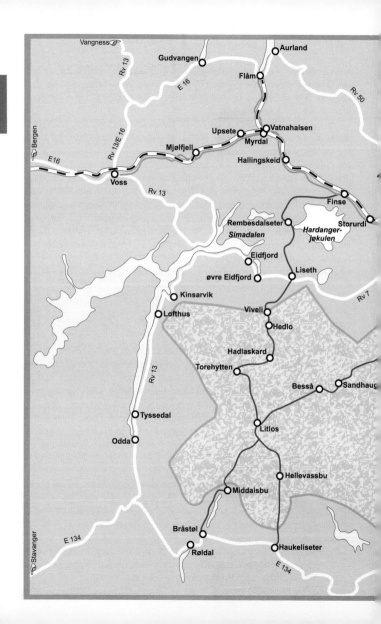

Reise-Infos von A bis Z

Alte Seter-Häuser am Fluß Berdøla

Angeln

Auf der Hardangervidda gibt es zahlreiche Angelmöglichkeiten in Flüssen und Seen, in denen hauptsächlich Forellen gefischt werden können. Das Angeln im Salzwasser in Norwegen ist frei und kostenlos (außer Lachs oder Meerforelle). Das Angeln im Süßwasser fällt nicht unter das Jedermannsrecht (☞ Jedermannsrecht) - es gelten nachfolgende Bestimmungen.

Zuerst muß jeder über 16 Jahren eine **staatliche Angellizenz** erwerben, die für eine Gebühr von NOK 90/Jahr (bzw. NOK 180/Jahr für Lachsangeln) oder NOK 60/Woche bei jedem Postamt erworben werden kann. Dazu kommt ein **lokaler Angelschein** (norw. *fiskekort*) für private und öffentliche Binnengewässer, zu beziehen in Hotels, Campingplätzen, Touristenbüros, Sportgeschäften und Kiosken vor Ort. Der Preis schwankt je nach Gültigkeitsdauer, Gebiet und Fischqualität. An bestimmten und beliebten Stellen, besonders an den berühmten Lachsflüssen, kann dies zu einem teuren Spaß werden.

Die Saison für **Eisangeln** dauert je nach Region von November bis Mai. Am besten angelt es sich oft vom ersten Eis im Herbst bis Weihnachten. Am schönsten sind sicherlich die wärmeren Tage mit bereits längerem Sonnenlicht im Frühling. Eisangeln wird in vielen Skigebieten (☞ Skitour über den Møsvatnet) als zusätzliche Aktivität angeboten. Aber auch hierfür benötigt man Angellizenz und -schein.

i regionale Touristenbüros (☞ Tourenteile)

Anreise nach Norwegen

Flugzeug

- **Direktflüge** nach Oslo bietet **SAS** von Düsseldorf, Frankfurt/M., München und Zürich aus an. Weiterhin unterhalten sie Flugverbindungen von Berlin, Hamburg, Hannover, Wien und Genf über Kopenhagen, von wo aus tägliche Flüge nach Bergen und Oslo gehen.
- **Lufthansa** fliegt direkt von Hamburg nach Bergen und Oslo und von Berlin nach Oslo.
- Die norwegische Fluggesellschaft **Widerøe** fliegt täglich außer samstags von Berlin nach Oslo (ab DM 559).
- Charterflüge nach Norwegen offerieren **Aero Lloyd, Condor und LTU**. Letztere veranstaltet von Anfang Juni bis Ende August Charterflüge jeden Donnerstag von Düsseldorf nach Bergen.

▶ Die Flugdauer Hamburg - Oslo beträgt ca. 1 Std, München-Oslo ca. 2 Std Hamburg - Oslo ist ab DM 691 und München-Oslo ab DM 753 erhältlich. Für ein Fahrrad ist für jede Richtung etwa DM 46 zu bezahlen.

☹ Es bereitet einige Schwierigkeiten, günstige Flüge nach Norwegen zu ergattern. Billigflüge wie in viele andere Länder werden kaum angeboten. Insbesondere die Linienflüge von SAS, die mit Lufthansa in Kooperation arbeitet, werden sehr stark von Geschäftsleuten frequentiert und sind fast immer ausgebucht. Man sollte auf jeden Fall sehr frühzeitig buchen.

Bahn

▶ Verbindungen aus dem Ausland bestehen über die Vogelfluglinie Puttgarden - Rødby, Kopenhagen und Göteborg nach Oslo oder etwas länger via Saßnitz - Trelleborg - Malmö. Die Fährüberfahrt ist im Preis mit enthalten. Von Hamburg erreicht man Oslo in ca. 24 Std.

▶ Eine weitere, aber etwas umständlichere Möglichkeit führt mit dem Zug über Jütland (DK) nach Frederikshavn oder Hirtshals. Dort muß man allerdings auf die Fähre umsteigen, die dann extra zu zahlen ist. Anschließend geht es mit dem Bus weiter.

✋ Fahrräder müssen nach Norwegen im voraus verschickt werden und kosten pro Fahrt DM 16/Rad. Um sicherzugehen, daß das Fahrrad auch rechtzeitig vor Ort ist, sollte man es mindestens eine Woche vor Abreise aufgeben.

☺ Die deutsche Bahn bietet im Zusammenhang mit einem Flugticket günstige Bahnfahrten zum Ab-/Ankunftsflughafen an, unter dem Motto Rail & Fly. Jeweils für Hin-/Rückfahrt bis 300 km DM 110, über 300 km DM 159, pro Begleitperson DM 69, Kind DM 20. Aufpreise ICE DM 20, Kind DM 10.

Fähre

Zwischen Norwegen und Europa besteht ein Fährnetz verschiedener Reedereien, die gerade Autofahrern zahlreiche Kombinationsmöglichkeiten und somit eine flexible Planung eröffnen. Die Preise variieren stark, je nach Fahrzeugtyp, Saison, Wochentag, Uhrzeit und Personenzahl.

Die bequemste und komfortabelste, jedoch auch teuerste Fähre verkehrt zwischen Oslo und Kiel. Ist man mit dem eigenen Fahrzeug unterwegs, bieten sich dann eher die kürzeren und daher billigeren Fährverbindungen von der dänischen Halbinsel Jütland aus an. Die günstigste verläuft zwischen Hirtshals (DK) und

Kristiansand. Allerdings muß bei allen Fähren von Dänemark aus ein wesentlich längerer Anfahrtsweg dorthin in Kauf genommen werden. Ohne Auto hat man sich auch mit mehrmaligem Umsteigen in Bus oder Zug abzufinden. Eventuell kann dann ein Urlaubstag verloren gehen.

Je nachdem, welche Region der Hardangervidda angesteuert wird, kann die Anreise über eine bestimmte Route sinnvoll sein. Beginnt die Tour im Norden, hat man von Oslo oder Bergen aus die besten Anschlußverbindungen. Ist der Süden das Ziel, empfehlen sich Kristiansand oder Larvik.

☺ Da die Fähren während der Ferienzeiten meist ausgebucht sind, empfiehlt sich ein frühzeitiges Buchen. In der Nebensaison (September bis April außer Weihnachts- und Osterferien) werden oft günstige Angebote gemacht.

Color Line
- Kiel - Oslo: ganzjährig einmal täglich, 20 Std. (Abfahrt Kiel 14:00, Oslo 13:30).
- Hirtshals - Kristiansand: ganzjährig mehrmals täglich, 4½ Std. (mit Schnellfähre 2½ Std.), auch Nachtfahrten.
- Hirtshals - Oslo: ganzjährig, von Oslo Mo - Sa Nachtfahrt, 12½ Std., von Hirtshals Di - So morgens, 8½ Std., in der Hochsaison täglich.
- Frederikshavn - Larvik: ganzjährig mindestens einmal täglich, 6¼ Std., auch Nachtfahrten.
- Color Line, Norwegenkai, 24143 Kiel; Postfach 6080, 24121 Kiel, ☏ 0431/7300300, FAX 0431/7300400, <colorline@colorline.no> <www.colorline.de>

Stena Line
- Frederikshavn - Oslo: ganzjährig 6 Tage die Woche, im Sommer täglich, Tag- (von Frederikshavn) oder Nachtfahrt (von Oslo), 8½ Std. bzw. 12½ Std.
- Kiel - Göteborg: ganzjährig täglich, Abfahrt 20:00, 13 Std.
- Stena Line, Schwedenkai 1, 24103 Kiel, ☏ 0180/5333600 oder 0431/9099, FAX 0180/5333605, <info@stenaline.de> <www.stenaline.de>

Fjordline
- Hanstholm - Bergen: ganzjährig dreimal pro Woche, ca. 16 Std.
- Fjord Line, Martinistr. 58, 28195 Bremen, ☏ 0421/1760362, FAX 0421/18575, <Fjordline@bre.geuther-group.de> <www.geuther-group.de/Fjordline.html>

Bus

Von einigen Städten in Europa bestehen Expreßbusverbindungen der norwegischen Busgesellschaft NOR-WAY Bussekspress **über Göteborg nach Oslo** (Preise/einfache Fahrt und Fährüberfahrten im Preis inbegriffen):

- Bremen: Di, Fr, So 2:00, vom 19.06. - 12.09. Mo, Mi, Sa 2:00, ca. DM 220.
- Hamburg: Di, Fr, So 5:00, vom 19.06. - 12.09. Mo, Mi, Sa 5:00 und ganzjährig Do und So 23:30, ca. DM 215.
- München: ganzjährig Do, So 11:00 über Nürnberg 13:30, Kassel 17:50, Hannover 21:00, ca. DM 330.
- Frankfurt: ganzjährig Do, So 14:30 und 21.06. - 05.09. Mo, Sa 21:45, ca. DM 330.
- Köln: ganzjährig Do, So, ca. DM 290.
- Freiburg: 21.06. - 05.09. Mo, Sa 18.45 über Karlsruhe 20:15, Kassel 00.15, Hannover 02:30, ca. DM 330
- Berlin: 22.06. - 03.09. Di, Fr, So 06:45, 20.03. - 21.06. und 04.09. - 29.12. Di, Fr 07:15, DM 185.
- Wien: ganzjährig Mo 07:30, 07.06.00 - 31.03.01 Mi 07:30, 01.04 - 02.09. Do 07:30, 23.06. - 31.10. Fr 07:30, ca. DM 185.
- Platzreservierung ist für die internationalen Buslinien obligatorisch.
- Der Expressbus Hamburg-Kristiansand-Stavanger kann eine begrenzte Anzahl an Fahrrädern mitnehmen.

Außerdem verkehrt der Hamburgekspressen zwischen **Hamburg - Flensburg - Kristiansand - Stavanger**:

- Hamburg: 16.06. - 20.08.: Di 11:00 und Do, So 16:30; Rest des Jahres Mi,So 16:30, ca. DM 187.
- Flensburg: 16.06. - 20.08.: Di 13:15 und Do, So 18:45; Rest des Jahres Mi,So 18:45; ca. DM 172.
- NOR-WAY Bussekspress, Karl Johannsgt. 2, 0154 Oslo, ☎ 81544444, FAX 2300-2449, <ruteinformasjon@nor-way.no> <www.nor-way.no>
- Deutsche Touring GmbH, Adenauerallee 70, ZOB, 20097 Hamburg, ☎ 040/2804538, FAX 040/2804838.

Anreise innerhalb Norwegens

 Flugzeug

Innerhalb Norwegens besteht ein gutes Flugnetz. Die Fluggesellschaften Braathens SAFE und SAS fliegen zwischen größeren Städten und Oslo. Widerøe hat

Strecken zwischen den Städten und Kurzstreckenflugplätzen im Fjordgebiet Norwegens. Es gibt viele Rabattmöglichkeiten, die auch in den Reisebüros nachgefragt werden können.

Auf Inlandsflügen können Sie Ihr Fahrrad als Gepäck aufgeben (gilt nicht bei kleinen Flugzeugen). Die Preise für das Rad variieren zwischen NOK 50 und NOK 100.

- Braathens SAFE, C.Stundsgt. 1, 5023 Bergen, ☏ 5523-5523.
- Widerøe's Flyveselskap, Flughafen Tempelhof, Platz der Luftbrücke, 12101 Berlin, ☏ 030/69513364, FAX 030/69513397.
- SAS, Am Flughafen, Terminal Mitte, HBK 45, 60549 Frankfurt/M., ☏ 069/694531.

☺ Die Hardangervidda erreicht man allerdings besser mit dem Bus oder per Bahn.

Zug

Im Norden der Hardangervidda verläuft die berühmte **Bergen-Bahn** (☞ Rallarvegen, Die Bergen-Bahn) der Norwegischen Eisenbahn NSB. Der **Expreßzug** verkehrt zweimal täglich, der **Regionalzug** zwei- bis dreimal täglich. Zusätzlich fährt ein **Nachtzug**.

Die Haltestationen entlang der Hochebene sind Geilo - Ustaoset - Haugastøl - Finse - Hallingskeid - Myrdal - Voss. Platzreservierung ist in diesen Zügen Pflicht und kostet in den Expresszügen NOK 50, ansonsten NOK 25 und ein Schlafplatz NOK 115 bis 715.

🚲 Wollen Sie Ihr Fahrrad innerhalb Norwegens mitnehmen, müssen Sie es mindestens 24 Std. und in der Hochsaison 48 Std. vor Ihrer eigenen Reise mit dem Zug aufgeben. Ein Fahrrad kann auch nur mit dem Regional- oder Nachtzug verschickt werden. Bei den meisten Nahverkehrszügen können Sie das Rad selbst mit in den Zug nehmen (lokaler Fahrpreis).

- Preis pro Rad NOK 90 in Norwegen, NOK 50 zwischen Geilo-Myrdal.
- Vom 21.06. - 10.09. wird zwischen Oslo und Voss ein spezieller Fahrradzug eingesetzt. Abfahrt Oslo 6:31, Ankunft Haugastøl 11:52 und Voss 13:06. Abfahrt in Voss 17:20, Myrdal 18:40, Finse 19:22, Haugastøl 19:50, Ankunft in Oslo 00:27.

☹ Skier können nicht mehr per Bahn verschickt werden.

▶ Außerdem verkehren noch die **Lokalzüge** Geilo - Myrdal (einmal täglich), Myrdal - Voss - Bergen (zwei- bis viermal täglich) und die bekannte *Flåmsbana*

Flåm - Myrdal (fünf- bis zehnmal täglich). In ihnen können Fahrräder gleich mitgenommen werden. Auf den Strecken Flåm - Myrdal und Myrdal - Haugastøl werden sogar spezielle Fahrradwaggons angehängt.

☺ Studenten erhalten 50% Ermäßigung. Bei bestimmten Abfahrten werden sogenannte Minipreise angeboten, die mindestens fünf Tage im voraus gebucht werden müssen und nur in Norwegen gekauft werden können. Außerdem sind noch diverse andere Rabattmöglichkeiten erhältlich, die teilweise nur vor Ort erworben werden können. Sonst sind NSB-Tickets in Deutschland bei der Deutschen Bahn oder in deren Reisebüros zu buchen.

🛈 Norges Statsbaner NSB, Prinsengt. 7-9, 0048 Oslo, ☏ 81500888, FAX 5531-7555, 🖥 <www.nsb.no>

Einige Preise (Stand 2000 und gültig für eine Strecke):
♦ Oslo - Finse: NOK 400.
♦ Oslo - Haugastøl: NOK 360.
♦ Oslo - Flåm: NOK 535.
♦ Flåm - Myrdal: NOK 115.

🚌 Bus

Das innernorwegische Busnetz der Gesellschaft NOR-WAY Bussekspress (☞ Nach Norwegen, Bus) ist dicht und bedient auch Fähranleger, Flugplätze und Bahnhöfe.

▶ Eine Platzreservierung in Norwegen ist nicht nötig, ein Platz wird garantiert. Fahrräder werden transportiert, wenn genug Platz vorhanden ist.

▶ Seit 1995 gibt es den **NOR-WAY-Bus-Paß**, der nur im Ausland verkauft wird und während 7 (etwa DM 316) oder 14 (etwa DM 506) aufeinanderfolgenden Tagen in Norwegen unbegrenzt gültig ist. Mit ihm erhält man auch Vergünstigungen bei vielen Zug- und Fährfahrten.

▶ **Ab Kristiansand** geht morgens täglich und Fr, So zusätzlich nachmittags der *Setesdalsekspressen* nach Haukeligrend. Von dort fährt der *Haukeliekspressen* mehrmals täglich nach Haukeliseter, Røldal und Odda, nach Bergen und Voss täglich spätnachmittags und Mo bis Fr zusätzlich nachts.

Um Rauland, Skinnarbu und Rjukan zu erreichen, nimmt man den Bus in Haukeligrend in die Gegenrichtung nach Åmot (viermal täglich, So nur zweimal und nachts außer sonntags) und steigt hier um in den Lokalbus Di, Do, Fr und So einmal täglich (✋ evtl. sollen diese Lokalbusse 2001 nicht mehr verkehren).

▶ **Ab Larvik** fährt täglich morgens der NSB-Bus Horten - Skien. In Skien schließt der *Haukeliekspressen* nach Åmot, Haukeliseter, Røldal, Odda, Bergen und Voss an. In Åmot wechselt man auf den Lokalbus nach Rauland, Skinnarbu und Rjukan Di, Do, Fr und So einmal täglich (✋ evtl. 2001 kein Lokalbus mehr). Eine weitere Möglichkeit nach Rjukan ergibt sich ab Skien mit dem *Rjukanekspressen* wochentags zweimal täglich und Sonntagabend.

▶ **Ab Oslo** verkehrt der *Rjukanekspressen* zweimal täglich und samstags einmal täglich nach Rjukan. Von Rjukan führt wieder der Lokalbus nach Åmot über Skinnarbu und Rauland Di, Do, Fr und So einmal täglich (evtl. 2001 kein Lokalbus mehr!).

Haukeliseter und Røldal werden sowohl von dem Haukeliekspressen Oslo - Haugesund als auch von der Linie Oslo - Bergen/Voss dreimal täglich angefahren. Zusätzlich geht täglich ein Nachtbus. Bergen und Voss werden nur einmal täglich und wochentags ebenfalls nachts angesteuert.

Einige **Preise** (Stand 2000 und gültig für eine Strecke)
- Oslo - Haukeliseter: NOK 360.
- Oslo - Røldal: NOK 390.
- Kristiansand - Røldal: NOK 350.
- Oslo - Rjukan: NOK 250.
- Larvik - Rjukan: NOK 230.
- Larvik - Haukeliseter: NOK 300.

🚗 Auto

Mehrere gute Bundesstraßen führen rund um die Hardangervidda. Einzig Finse ist nur mit dem Zug oder Rad erreichbar. Trotz der norwegischen Erdölvorkommen ist Benzin hier teurer als in Deutschland, etwa DM 2,60/Liter. Im Winter wird nur auf wenigen Straßen in Oslo Salz gestreut. Üblicherweise wird die hartgefrorene Eis- oder Schneeschicht nur mit einer Fräse aufgeraut und Rollsplitt in rauhen Mengen verteilt. Norweger fahren daher im Winter ausnahmslos mit Spikesreifen (norw. *piggdekk*), die vom 01.11. bis Ostern einschließlich erlaubt sind.

Bei ungünstigen Wetterverhältnissen gibt es auf einigen Gebirgsstraßen *kolonnekjøring*, d.h. kolonnenweises Fahren hinter dem Schneepflug. Nur einige anscheinend lebensmüde Touristen wagen sich dann mit Sommerreifen in den Norden. Zumindest Schneeketten sollten mitgenommen oder Winterreifen verwendet werden. Für völlig vereiste Strecken eignen diese sich allerdings auch nicht.

Infos über Straßenverhältnisse erteilt die *Vegmeldingssentralen* oder auch die lokalen Touristenbüros.

☺ Neben dem Color-Line-Terminal in Oslo gibt es einen kleinen Verleih für Spikesreifen, die Firma Hakres AS. Die Werkstatt besteht aus einem Wohnwagen, einem großen Zelt und mehreren Containern mit Reifen.
- Hjortneskaia, 0250 Oslo, ☎ 94313480, FAX 35515250.
  Verleihkosten: 1 - 3 Tage NOK 200, 1 Woche NOK 700, 2 Wochen NOK 950, jeder Zusatztag NOK 50.

▶ Ab **Oslo** geht die E 76 nach Åmot, Haukeliseter und Røldal, die Bundesstraße 7 nach Geilo (km 241), Haugastøl (km 252) und Eidfjord (km 332).

▶ **Ab Larvik** folgt man der Bundesstraße 8/40 nach Geilo (km 257) und ab Kongsberg der Bundesstraße 37 nach Rjukan (km 208), Skinnarbu und Rauland (km 255).

▶ Ab **Kristiansand** verläuft die Bundesstraße 12 bis Haukeligrend durch das schöne Setesdal. Dann geht die E 76 nach Haukeliseter (km 268) und Røldal (km 292). Nach Rauland (km 280) empfiehlt sich die schönere und kürzere Strecke am Totakvatnet entlang. In Rauland stößt man auf die Bundesstraße 37 nach Rjukan (km 327).

▶ Ab **Bergen** führt die E 68 zum Hardangerfjord. Entweder man nimmt in Kvanndal bereits die längere Fähre nach Kinsarvik (mehrmals tägl., 50 Min. Fahrzeit, NOK 26/Pers, NOK 76/Auto), genießt aber eine herrliche Fjordfahrt, oder fährt noch bis Bruravik und hüpft nach Brimmes hinüber (Fährüberfahrten alle 40 Min., Fahrzeit 10 Min, NOK 17/Pers, NOK 39/Auto). Jeweils nach Süden führt die Bundesstraße 47 in Richtung Røldal, Haukeliseter und Rjukan, nach Westen erreicht man Haugastøl und Geilo.

Ausrüstung

Um den Urlaub zu einem rundum gelungenen Ereignis zu machen und unliebsame Überraschungen zu vermeiden, muß die Ausrüstung in Ordnung sein. Trotz geringer Höhe sollte die Hardangervidda nicht unterschätzt werden (☞ Land und Leute, Klima und Wetter).

🚶 Wandern

▶ Von entscheidender Bedeutung ist ein hochwertiger **Rucksack** mit justierbaren Gurten für Hüfte und Rücken, damit er sich problemlos an die jeweilige

Körpergröße anpassen läßt. Für eine längere Tour empfiehlt sich ein 50- bis 70 l-Rucksack. Das Hauptgewicht (80%) sollte auf den Hüften ruhen, der Hüftgurt entsprechend gut gepolstert sein.

☝ Beim Beladen sollten schwere Sachen im Rucksack in der Mitte und zum Rücken hin verstaut werden, so daß der Schwerpunkt möglichst nah am Körper liegt. Sachen, die man öfter braucht (z.B. Regenkleidung, Tagesproviant) werden so verstaut, daß sie leicht erreichbar sind.

▶ Kein Rucksack ist absolut wasserdicht. Es empfiehlt sich, eine geeignete **Regenschutzhülle** mitzunehmen. Außerdem ist es ratsam, alles, was nicht naß werden darf, extra in Plastiktüten zu verpacken.

▶ Beim **Schlafsack** gehen die Meinungen bekanntlich auseinander. Gewichtsfanatiker setzen auf den leichteren Daunenschlafsack. Wer schon einmal tagelang bei naßkaltem Wetter unterwegs war, weiß dagegen um die Vorteile des Kunstfaserschlafsacks. Der ist zwar in der Regel etwas schwerer und beansprucht mehr Platz, verliert dafür bei Nässe nicht so leicht seine Isoliereigenschaften und läßt sich relativ schnell wieder trocknen. Ob der einzelne sich für ein Daunen- oder Kunstfasermodell entscheidet, wird oft nicht zuletzt vom Preis abhängig sein. Ein Daunenschlafsack gehobener Qualität ist entsprechend teuer.

Wichtiger als die Materialfrage erscheint ohnehin der Temperaturbereich, für den der Schlafsack ausgelegt ist. Dieser sollte auf jeden Fall nach unten hin genügend Freiraum (bis -10° oder -15°) bieten (☞ Land und Leute, Klima und Wetter). Die vom Hersteller angegebenen Werte beziehen sich allerdings meist auf den "absoluten Temperaturbereich" (man übersteht die Nacht im Schlafsack zähneklappernd), nicht jedoch auf den "Komfortbereich", bei dem es im Schlafsack auch tatsächlich kuschelig warm bleibt. Dies sollte beim Kauf berücksichtigt werden.

Falls der Schlafsack nicht in den Rucksack hineinpaßt, sollte er auf jeden Fall in einen geeigneten wasserdichten Beutel verpackt werden.

☺ Besonders beim Kunstfaserschlafsack leistet ein separates Inlett aus Baumwolle gute Dienste, da es sich angenehmer als die Kunstfaser anfühlt.

▶ Auch eine gute **Isomatte** ist unentbehrlich, wobei sich z.B. "selbstaufblasende" Plastikmatten sehr gut bewährt haben.

▶ Ein ordentlicher Sturm kann ein **Zelt** heftig in Anspruch nehmen. Gefragt ist ein wasserdichtes Leichtgewichtszelt, das auch einem stürmischen Unwetter

(☞ Land und Leute, Klima und Wetter) standhält. Hierbei wird man in Kauf nehmen müssen, daß ein solches Zelt in aller Regel teuer ist. Bei entsprechender Behandlung ist es aber eine Anschaffung, die viele Jahre hält. Wichtig sind hochwertige Materialien sowie eine gute Verarbeitung von Nähten und Reißverschlüssen. Eine geräumige Apsis stellt keinen überflüssigen Luxus dar, denn der Zusatzraum bietet nicht nur Stauplatz fürs Gepäck, sondern eignet sich auch bei schlechtem Wetter hervorragend als Kochnische.

▶ Auch bei den **Wanderschuhen** sollte nichts dem Zufall überlassen werden. Man benötigt Stiefel, die die Knöchel fest umschließen und eine kräftige Profilsohle haben, die dem Fuß auch in schwerem Gelände einen guten Halt bieten. Insbesondere die Sohlen sollten möglichst dick und stabil sein. Bei Regen verwandeln sich die Wege in wahre Sturzbäche, so daß man gezwungen ist, stundenlang von Stein zu Stein zu hüpfen. Auf Dauer drücken die Steinkanten schmerzhaft durch weiche Sohlen auf die Fußsohle. Für das feuchte Fjellgebiet der Hardangervidda empfehlen sich gute **Bergschuhe aus Leder** oder **Goretex-Wanderschuhe**. Jogging- und Halbschuhe sind vollkommen ungeeignet!

▶ Zum Durchqueren der Bäche und abends für die Hüttenaufenthalte gehört ein Paar **Sandalen** aus Plastik ins Gepäck. Lohnend wäre auch die Anschaffung der speziellen, etwas teuren Teva-Wandersandalen.

▶ Für die Durchquerung der Sumpfgebiete empfiehlt es sich, ein Paar **Gummistiefel** einzupacken. Man sackt dort zum Teil bis zum Knie in Schlamm ein. Es gibt auch spezielle Wandergummistiefel, die zwar wesentlich robuster sind als die herkömmlichen Gummistiefel und über eine griffige Sohle verfügen, trotzdem stößt man auf längeren Touren mit schwerem Rucksack allerdings bald an deren Grenzen. Auf nassem Gestein und Schnee bieten sie wenig Halt.

☺ Bei Blasen oder wundgescheuerter Haut hat sich *Compeed* oder auch *Hansaplast Blasenpflaster* sehr gut bewährt. Diese Pflaster wirken wie eine zweite Haut und ermöglichen eine schmerzlose und schnelle Heilung. Sie haben allerdings den Nachteil, daß sie auf schwitzender Haut nur schlecht halten. Zusätzliches Abtapen hilft.

☺ Wanderstiefel aus Leder hält man am längsten am Leben, wenn das Leder regelmäßig mit speziellen Ledercremes oder -sprays (im Fachhandel nachfragen) behandelt wird. Speziell eine Wandertour auf der Hardangervidda ist eine extrem nasse Angelegenheit, die den Schuhen hart zusetzt. Unbedingt eine kleine Dose zum Nachbehandeln mitnehmen! Allerdings darauf achten, daß das Leder nicht dicht gekleistert wird. Der Schuh muß noch atmen können, d. h. kühlende Luft gelangt nach innen und Schwitzwasser nach außen.

▶ Die optimale **Kleidung** setzt sich aus **drei Schichten** mit unterschiedlicher Funktion zusammen (Zwiebelschalenprinzip):

❶ Die innere Schicht, die **Unterwäsche**, hat die Aufgabe, den Körper warm und trocken zu halten. Dazu muß sie in der Lage sein, den Schweiß von der Haut aufzunehmen und nach außen weiterzutransportieren. Unterwäsche, die diese Eigenschaften besitzt, besteht entweder aus Wolle oder aus Kunstfaser. Baumwolle ist dagegen ungeeignet, da es die Feuchtigkeit nicht weiterleitet, sondern aufsaugt.

❷ Die mittlere Schicht soll hauptsächlich isolieren. **Pullover** aus Wolle und Kunstfaser (Fleece) eignen sich am besten, wobei mehrere dünnere Pullover den Vorteil bieten, daß sich die Kleidung besser auf das momentane Kälteempfinden abstimmen läßt. Als Hose empfiehlt sich eine leichte **Trekkinghose** aus guter Kunstfaser.

✋ Schwere Jeanshosen sind dagegen verpönt, denn einmal naß, lassen sie sich kaum wieder trocknen.

❸ Die äußere Schicht, die sich aus **Regenjacke** und **-hose** zusammensetzt, sollte nicht nur einen optimalen Wind- und Wasserschutz bieten, sondern gleichzeitig atmungsaktiv bleiben. In der Praxis wird man allerdings - egal was die Werbung verspricht - vergeblich nach einem solchen idealen Material Ausschau halten. Es bleibt also nur die Suche nach dem bestmöglichen Kompromiß, wobei sich Goretex-Regenbekleidung gehobener Qualität sicher nicht als schlechteste Lösung erweist. Die Regenbekleidung sollte locker sitzen und eine gute Isolierung an Gelenken und Hals zulassen. Ferner ist auf eine gute Verarbeitung der Nähte und Reißverschlüsse zu achten.

▶ Auch dürfen selbst im Sommer warme **Handschuhe** und eine **Mütze** oder **Stirnband** im Gepäck nicht fehlen. Über den Kopf vollzieht sich bis zu 40% des Wärmeverlustes.

▶ Gute **Wanderstrümpfe** bestehen aus einer vernünftigen Mischung von Wolle und Kunstfaser (60 bis 70% Wollanteil) und sind möglichst weich. Für längere Passagen durch Schnee und schlammige Feuchtgebiete können **Gamaschen** besonders nützlich sein.

▶ Die Wahl des **Kochers** ist eher Geschmackssache und eine Frage der Gewöhnung:

Gaskocher brennen sauber und sind einfach zu bedienen. Leider sind sie auch sehr windanfällig. Auf längeren Touren hat man mehrere Gaskartuschen zu schleppen. Diese sind in Norwegen an Tankstellen und oftmals in Lebensmittelgeschäften erhältlich.

Benzinkocher dagegen können beim Starten eine große Stichflamme entwickeln und lecken gerne nach öfterem Gebrauch - das kann schon mal gefährlich werden.

Der **Spiritus-Sturm-Kocher** (z.B. *Trangia*) ist verhältnismäßig leicht, robust, ohne störanfällige Verschleißteile und windresistent. Spiritus bekommt man an jeder Tankstelle und in jedem Sportgeschäft. Allerdings ist der *Rød Sprit* ziemlich teuer, 1 l kostet etwa DM 11.

▶ Weitere obligatorische **Ausrüstungsteile** sind eine robuste **Thermosflasche** (ohne Glaseinsatz), sowie eine **Sonnenbrille** und **Sonnencreme** (mindestens mit Lichtschutzfaktor 10).

▶ Auf keinen Fall sollte man ein **Mückenmittel** vergessen. Am effektivsten hat sich das aggressive schwedische Dschungelöl herausgestellt, das auch in Norwegen überall erhältlich ist. Ein Wundermittel ist es dennoch nicht. Klettern die Temperaturen im Sommer, muß man mit so manchem Stich rechnen. Es empfiehlt sich gegen den Juckreiz eine Tube *Systral Gel* für Insektenstiche einzupacken.

▶ Ein Paar **Teleskopstöcke** können das Wandern erheblich erleichtern. Besonders beim Abstieg werden Knie- und Hüftgelenke mit Hilfe der Stöcke deutlich geschont. Auf ebenem Gelände kommt man schneller vorwärts, und auch beim Überqueren von Flüssen und zum Prüfen des Untergrundes im Schnee (☞ Naturgefahren) erweisen sie sich als vorteilhaft. Unverzichtbar sind sie beim Durchqueren der schlammigen Feuchtgebiete.

▶ Nicht fehlen dürfen **Karte und Kompaß**. Zwar sind alle Wanderstrecken ausgezeichnet markiert (☞ Reise-Infos von A bis Z, Markierung), dennoch können bei plötzlichen Wintereinbrüchen (☞ Land und Leute, Klima und Wetter) die Zeichen mit Schnee zugeweht werden oder früh im Jahr noch unter Schnee begraben sein. Außerdem erleichtert eine Karte die Orientierung im zahlreich verzweigten Wanderwegenetz. Die magnetische Deklination (die Abweichung zwischen dem magnetischen und dem geografischen Norden) beträgt auf der Hardangervidda zur Zeit weniger als 1 Grad West und ist daher zu vernachlässigen.

🎿 Wintertouren

Weitgehend stimmt die Ausrüstung für **Skitouren** mit der Wanderausrüstung überein (☞ Literatur). Einige wichtige Punkte sind hier noch einmal hervorgehoben.

▶ Im Vergleich zu den Alpen verlaufen die Skitouren auf der Hardangervidda durch relativ ebenes Gelände. Tourenski eignen sich eher für stark bergiges Gelände mit langen und steilen Abfahrten. Auf langen flachen Strecken dagegen sind sie zu schwer und ermöglichen nur ein langsames Vorankommen. Optimal sind hier Langlaufski oder Telemarkski, die mindestens 50 mm breit sind.

Norweger betrachten das Gehen mit Fellen zwar als unsportlich und steigen lieber im mühseligen und langwierigen Zickzack am Hang auf. In Anbetracht des schweren Rucksacks empfiehlt sich aber doch die wesentlich einfachere und entspanntere Variante mittels **Fellen**.

Dazu gehören die entsprechenden **Skischuhe** und **Langlaufskistöcke**. Unbedingt ein Paar Ersatzstöcke mitnehmen, z.B. Teleskopstöcke. Sie schieben sich zwar durch starke Belastung beim Abstoßen immer wieder zusammen, lassen sich aber gut außen am Rucksack befestigen, ohne beim Laufen zu behindern.

☺ In vielen Orten am Rande der Hochebene gibt es Skischulen, die Telemarkskikurse anbieten.

▶ Ohne einen ausreichend warmen **Schlafsack** kann eine Wintertour zu einem lebensgefährlichen Unternehmen werden.

Der Temperaturbereich muß mindestens bis -30° reichen. Auch wenn es schmerzt, sollte man einmal tief ins Portemonnaie greifen und sich doch einen guten Daunenschlafsack leisten.

☺ Bei hoher Luftfeuchtigkeit bei Tauwetter um die 0° schützt man die Daune vor dem Naßwerden und dem folgenden Wärmeverlust mit einem dünnen Kunstfasersack als äußere Schicht.

✋ Die aufblasbaren Therm-a-Rest-Matten gehen bei hohen Frosttemperaturen kaputt! Gute Dienste leistet eine dicke Isomatte.

▶ Wegen der platzraubenden dicken Schlafsäcke und umfassenden Winterausrüstung sollte das **Zelt** großzügig bemessen sein und mindestens eine große Apsis besitzen, d.h. zwei Personen benötigen ein Dreipersonenzelt.

▶ Im Winter kommt nur ein **Benzinkocher** in Frage. Ein Spirituskocher entwickelt zu wenig Hitze, um Schnee zu schmelzen. Gas brennt erst gar nicht bei so niedrigen Temperaturen.

☺ Ein Holzbrett als Untersatz für den Kocher mitnehmen, ansonsten versinkt er im Schnee. Am besten nicht im Zelt kochen. Durch die entweichenden Gase droht Erstickungsgefahr. Außerdem bildet sich bei kaltem Wetter zuviel Kondenswasser am Innenzelt.

✋ Daran denken, daß bei einer Skitour der Brennstoffverbrauch höher als normal ist, weil zur Wassergewinnung Schnee geschmolzen werden muß. Bedarf also großzügig kalkulieren!

Weitere obligatorische Ausrüstungsgegenstände
- ▶ eine warme Daunenjacke für abends
- ▶ ein Paar Ersatzhandschuhe
- ▶ Gesichtsschutz (z.B. ein Schal für die unteren Gesichtspartien)
- ▶ Stirnlampe wegen der noch kurzen Tage
- ▶ Skiwachs
- ▶ Wachsentferner
- ▶ Schneeschaufel

☺ **Karte und Kompaß** sind von höchster Wichtigkeit. Viele der Routen werden in der Wintersaison nicht markiert. Ideal wäre allerdings ein **GPS-Gerät**, mit dem man selbst bei schlechtester Sicht den Weg findet.

🚲 Radfahren

Auch bei der Fahrradausrüstung sollen nur kurz einige Extrapunkte erläutert werden (☞ Literatur). Allgemeines zur Ausrüstung findet man unter Wanderausrüstung.

▶ Die **Reifen** des **Fahrrads** sollten aufgrund der streckenweise sehr schlechten Wegzustände mindestens 38 mm breit sein. Geeignet ist ein entsprechendes **Trekkingrad**. Ideal wäre ein **Mountainbike**. Außerdem bereiten die teilweise extremen Gefälle erhebliche Schwierigkeiten.

Zur Ausstattung gehören daher unbedingt zwei **Felgenbremsen** (Cantilever-System) für Vorder- und Hinterrad. Rücktrittbremsen bzw. Nabenbremsen sind völlig ungeeignet. Sie werden sehr schnell zu heiß und verlieren ihre Bremskraft. Läuft sogar das Öl aus den Lagern, gehen sie kaputt.

☺   In Haugastøl oder Finse werden spezielle *Rallarräder* ausgeliehen oder verkauft. Sie sind den Ansprüchen der Strecke genau angepaßt und z.B. mit einem besonderen Bremssystem ausgestattet.

✋   Achten Sie darauf, daß keine Steine in den Bremsblöcken hängen. Die Steine schleifen beim Bremsen auf der Felge und können diese erheblich beschädigen.

▶   **Weitere obligatorische Ausrüstungsgegenstände:** Um nicht zuviel Fahrradwerkzeug (☞ Ausrüstungsliste) mitschleppen zu müssen, enthalten die kleinen, handlichen **Kombiwerkzeuge** alle nötigen Maul-, Schrauben- und Imbusschlüssel für fast alle nötigen Reparaturen. Ein **Stück Leder** dient zum Unterlegen im Mantel, wenn dieser gerissen ist. Die Mitnahme von Überflüssigem läßt sich sparen, wenn vorher überprüft wird, welches Werkzeug für das eigene Fahrrad paßt.

▶   Schließlich dürfen der **Fahrradhelm** und **Fahrradtaschen** nicht fehlen. Auf keinen Fall empfiehlt es sich, mit Rucksack zu fahren. Der Rücken wird völlig ungesund belastet. Schon nach kürzester Zeit stellen sich Rückenschmerzen ein. Außerdem ist das Fahren so äußerst unbequem und instabil. Um sicheres Fahren zu gewährleisten, muß der Schwerpunkt so tief wie möglich am Fahrrad gelegt werden. Nur schlecht radeln läßt es sich ebenfalls, wenn der Rucksack oder auch eine große Tasche hinten auf dem Gepäckträger festgeschnallt wird. Wegen des feuchten Klimas in Norwegen sollten die Fahrradtaschen wasserdicht sein.

☺   Entlang der Strecke locken schöne Abstecher in die Umgebung. Es lohnt, ein Paar Wanderschuhe einzupacken.

Ausrüstungsliste

Die Checkliste dient der allgemeinen Orientierung, sie läßt nach eigenen Vorstellungen ergänzen.

Rucksack
- ❏ Rucksack mit verstellbaren Gurten
- ❏ Regenüberzug

Zeltausstattung
- ❏ Leichtgewichtstrekkingzelt
- ❏ Zeltunterlage (Plastikfolie oder dünne Alufolie)
- ❏ Ersatzteile und -heringe (z.B. robuste Alu-Zeltnägel)

- ☐ Isomatte
- ☐ Schlafsack

Kochgerät
- ☐ faltbarer Wasserkanister
- ☐ Kocher
- ☐ Brennstoff (Gaskartuschen/Benzin- oder Spiritusflasche)
- ☐ Streichhölzer
- ☐ Kochgeschirr (Töpfe, Teller)
- ☐ Becher
- ☐ Eßbesteck
- ☐ kleine Schöpfkelle
- ☐ Geschirrtuch
- ☐ Schwamm
- ☐ Thermosflasche (aus Edelstahl)
- ☐ Proviant (☞ Verpflegung)
- ☐ Wasserflasche

Kleidung
- ☐ Regenkleidung (Jacke, Hose)
- ☐ Wollpulli oder Fleece-Pullover
- ☐ Trekkinghose
- ☐ Unterwäsche
- ☐ Thermounterwäsche
- ☐ kurze Wanderhose
- ☐ Wanderstrümpfe
- ☐ Wanderstiefel
- ☐ Sonnenbrille
- ☐ Sonnenhut
- ☐ Badehose

Körperpflege
- ☐ Handtuch
- ☐ Bioseife (biologisch abbaubare Seife)
- ☐ Zahnbürste
- ☐ Zahnpasta
- ☐ Kamm
- ☐ Lippenschutzmittel
- ☐ Toilettenpapier
- ☐ Vaseline

- ☐ Sonnenschutzmittel
- ☐ Mückenschutz

Erste Hilfe
- ☐ Elastikverband
- ☐ Pflaster
- ☐ Compeed-Pflaster oder Second Skin
- ☐ Schmerz-/Grippetabletten
- ☐ Trillerpfeife (Notsignale)
- ☐ Alu-Rettungsdecke

Sonstiges
- ☐ Teleskopstöcke
- ☐ Karte
- ☐ Kartenschutzhülle
- ☐ Papier und Stift
- ☐ Geldbeutel mit Geld und Dokumenten
- ☐ Jugendherbergsausweis
- ☐ Fotoapparat
- ☐ Filmmaterial
- ☐ Ersatzbatterien
- ☐ Nähzeug
- ☐ Sicherheitsnadeln
- ☐ Plastikbeutel
- ☐ Taschenmesser
- ☐ Uhr

Bei einer Skitour
- ☐ Langlauf-/Telemarkski (mindestens 50 mm breit)
- ☐ Skistöcke
- ☐ Ersatzstöcke
- ☐ Felle
- ☐ Skischuhe
- ☐ Skiwachs
- ☐ Wachsentferner
- ☐ Holzbrett
- ☐ Daunenjacke
- ☐ Ersatzhandschuhe
- ☐ Gesichtsschutz (z.B. Schal)
- ☐ Schneeschaufel

Bei einer Radtour
- ☐ Trekkingrad/Mountainbike
- ☐ Radhose lang/kurz
- ☐ Radschuhe für Klickpedalen
- ☐ Radhandschuhe
- ☐ Vorder-, Hinter-, Lenkertasche
- ☐ Gurte
- ☐ Radhelm

Fahrradwerkzeug
- ☐ Kombiwerkzeug (verschiedene Schlüssel)
- ☐ Kettenfett
- ☐ Speichen
- ☐ Nippel
- ☐ Nippelspanner
- ☐ Zahnkranzabzieher
- ☐ Flickzeug
- ☐ Ersatzschlauch
- ☐ Luftpumpe
- ☐ Reifenabheber
- ☐ Bremszug
- ☐ Bremsklötze
- ☐ Lappen
- ☐ Gewebeband
- ☐ ein paar Ersatzschrauben
- ☐ Stück Leder

CD Diplomatische Vertretungen

... in Norwegen

- Ⓓ Deutsche Botschaft, Oscarsgt. 45, 0258 Oslo,
  ☎ 22552010, FAX 22447672, ✉ <tyske.ambassade@c2i.net>
- Ⓐ Österreichische Botschaft, Thomas Heftyesgt. 19-21, 0244 Oslo,
  ☎ 22552348, FAX 22554361.
- ⒸⒽ Schweizerische Botschaft, Bygdøy Allé 78, 0268 Oslo,
  ☎ 22430590, FAX 22446350, ✉ <vertretung@osl.rep.admin.ch>

Norwegens Vertretungen in...

- Ⓓ Kgl. Norwegische Botschaft, Rauchstr. 1, 10787 Berlin,
  ☏ 030/505050, FAX 030/505055, ✉ <botschaft@norwegen.org>
  🖳 <www.norwegen.org>
- Ⓐ Kgl. Norwegische Botschaft, Bayerngasse 3, 1037 Wien,
  ☏ 01/7156692, 93, 94, FAX 01/7126552,
  ✉ <ambassade-wien@du.dep.telemax.no>
- ⒸⒽ Kgl. Norwegische Botschaft, Bubenbergplatz 10, 3011 Bern,
  ☏ 031/3105555, FAX 031/3105550,
  ✉ <ambassade-bern@du.dep.telemax.no>

Einreisebestimmungen

▶ Bürger der EU benötigen lediglich einen gültigen **Personalausweis** bei Aufenthalten bis zu drei Monaten.

▶ Für das eigene oder gemietete Fahrzeug braucht man nur einen gültigen **Führerschein** und **Fahrzeugschein**.

▶ Ab 1. Oktober 1998 gelten neue, vereinfachte Bedingungen für die Einreise von Hunden und Katzen nach Norwegen. Die wichtigsten Änderungen sind:
- Es wird keine Einfuhrgenehmigung für Hunde und Katzen nach Norwegen mehr verlangt.
- Für die Tiere muß die Bescheinigung eines Praktischen Arztes vorliegen (nicht mehr, wie früher, vom Amtstierarzt).
- Nach wie vor ist eine Impfung gegen Tollwut, Leptospirose und Staupe erforderlich.

▶ **Verboten ist die Einfuhr** von Frischfleisch, Pflanzen, Eiern, Kartoffeln, Medikamenten (außer Eigenbedarf), Rauschgiften und Giftstoffen, Waffen und Munition und Sprengstoffen (außer für die Jagd), Ausrüstung für Krebsfang und Angelnetzen.

▶ Strikten Beschränkungen unterliegt der Import von **Alkohol** und **Tabakwaren**. Reisende ab 18 Jahren dürfen 2 l Wein und 2 l Bier zollfrei einführen. 1 l Wein kann durch 1 l Spirituosen (bis 60%) bei Reisenden über 20 Jahren ersetzt werden. Zusätzlich können weitere 4 l Spirituosen oder Wein und 10 l Bier verzollt werden. Ferner ist die Einfuhr von 200 Zigaretten oder 250 g Tabak erlaubt.

▶ Die Einfuhr von **Zahlungsmitteln** jeglicher Art ist unbeschränkt. Wird jedoch beim Import von Banknoten und Münzen der Betrag von NOK 25.000 überschritten, muß dies dem Zollamt angegeben werden.

▶ Beim Einkauf im Wert von mindestens NOK 300 stellen viele Geschäfte **Tax-Free-Schecks** aus, mit denen an Flughäfen, auf Fähren und an größeren Grenzübergängen ein Teil der bezahlten Mehrwertsteuer (ca. 16%) zurückerstattet wird.

Feiertage und Feste

- Neujahr
- Gründonnerstag
- Karfreitag
- Ostermontag
- 1. Mai
- 17. Mai (Nationalfeiertag)
- Christi Himmelfahrt
- Pfingstmontag
- 23. Juni Mittsommertag (St. Hans Aften)
- 29. Juli Olsokfest, Kirchenfest zu Ehren St. Olavs
- Weihnachten

☺ Besonders gefeiert wird der Mittsommer Ende Juni, beim höchsten Stand der Sonne.

Geld

Währung
Die Währung ist die **Norwegische Krone** (NOK), die 100 Øre hat. Münzen gibt es zu 50 Øre und 1, 5, 10 und 20 Kronen, Scheine zu 50, 100, 200 und 1.000 Kronen.

Wechselkurs
Für DM 1 erhält man zur Zeit ca. NOK 3,84 und für NOK 1 etwa DM 0,23. Der Kurs ungefähr 1:4 war in den letzten Jahren relativ stabil.

🏦 🕒 8:30 - 15:00, Do - 17:00, Sa geschlossen.

Kreditkarten und Schecks

Alle bekannteren Kreditkarten können in Norwegen benutzt werden. Visa ist sehr weit verbreitet, aber auch AmEx, Eurocard/Mastercard und Diners sind geläufig in Hotels, Restaurants und in Geschäften. Reiseschecks werden dort zwar meist akzeptiert, man sollte sich darauf aber nicht verlassen. Kreditkarten werden eindeutig vorgezogen. Reise- oder Euroschecks kann man bei Banken oder der Post umtauschen. Auf jeder Hütte kann man mit Kreditkarte zahlen, auch in den Hütten mit Selbstbedienung. Dort gibt es die dazugehörigen Formulare.

In kleineren Orten und auf der Hardangervidda kann man nicht an Bargeld herankommen. Nur in den großen Orten wie Geilo, Aurland, Eidfjord, Odda, Voss und Rjukan bestehen Wechselmöglichkeiten.

Seit dem 1.1.97 kann man in Norwegen mit dem Postsparbuch kein Geld mehr bei der Post abheben, jedoch mit der Postbank SparCard 3000 plus am Geldautomaten (VisaPlus-Akzeptanzsymbol) bis zu DM 3.000 pro Kalendermonat.

Gesundheit

Seit dem 1.7.94 gilt in Norwegen offiziell das **E-111-Formular** der Krankenkassen. Differenzen bei den Gebühren werden allerdings nicht erstattet, so daß sich eine zusätzliche **Reisekrankenversicherung** mit Rücktransport empfiehlt.

Der Medikamentenverkauf unterliegt wesentlich strengeren Bestimmungen als z.B. in Deutschland und der Schweiz. Viele Medikamente sind nur gegen Rezept eines norwegischen Arztes erhältlich.

Regelmäßig benötigte Medikamente sollten daher in ausreichenden Mengen mitgebracht werden. Rufnummern von Ärzten findet man auf der zweiten Seite des Telefonbuches unter *legevakt*.

Foto und Film

Touren auf der Hardangervidda haben einiges für den Fotografen zu bieten: Gletscherzungen, blaue Fjorde, beeindruckende Täler und eine wilde Gebirgslandschaft. Aber auch die kleinen Dinge am Wegesrand wie Blaubeeren,

Pilze und wunderschöne Flechten und Moose verlocken immer wieder dazu, zur Kamera zu greifen.

Daher sollte man beim **Filmmaterial** großzügig planen und sich bereits zu Hause ausreichend eindecken.

🖐 Filme sind in Norwegen teurer als in Deutschland. Auf den bewirtschafteten Hütten und Berghotels sind Filme zwar erhältlich, aber nur zu überhöhten Preisen.

Die Fotoausrüstung wird manchmal **harten Bewährungsproben** ausgesetzt. Auf den holperigen Wegen wird sie durchgerüttelt und während der Touren vom Regen bedroht. Es ist deshalb wichtig, Kameragehäuse, Objektive und Filme in einer **gut gepolsterten, wasserdichten Tasche** zu verstauen. Notfalls hilft auch eine dicke Plastiktüte.

Zum Schutz der Objektive sollten diese grundsätzlich mit einem **Filter** versehen sein. Ein einfacher UV-Filter reicht aus und verhindert außerdem einen Blaustich in den Bildern. Mit einem Rot- oder Polarisationsfilter können sattere Farben erzielt werden, wobei mit letzterem auch störende Reflexe behoben werden können.

Auf Wintertouren bereitet die manchmal **extreme Kälte** den elektronischen Kameras mit Alkaline-Batterien Probleme. Falls die Batterien zu schwach werden, diese herausnehmen und kurz zwischen den Händen wieder aufwärmen.

☺ Am besten unterwegs eine Ersatzbatterie nahe am warmen Körper tragen, so daß die Batterie in der Kamera bei Versagen schnell ausgetauscht werden kann. Besser wären Lithium-Batterien oder Akkus.

🖐 Objektive nicht mit ins warme Innenzelt nehmen, sondern im Vorzelt aufbewahren. Dort entsprechen die Temperaturen den Außenbedingungen, und man vermeidet so das lästige Beschlagen der Linsen.

🛈 Information

- NORTRA Norwegisches Fremdenverkehrsamt, Neuer Wall 41, 20354 Hamburg, ☏ 0180/5001548, FAX 040/22710815, 🖥 <www.norwegeninfo.com> oder <www.skandinavien.de>

- Oslo Promotion AS, Vestbaneplassen 1, 0250 Oslo, ☏ 22830050, FAX 22838150, 🖥 <www.oslopro.no>
- Den Norske Turistforening (DNT), Storgt. 3, PO Box 7, 0101 Oslo, ☏ 22822822, FAX 22822855, 🖥 <www.dntoa.no>
- ☞ Touren, lokale Fremdenverkehrsämter

Jedermannsrecht

Das sogenannte Jedermannsrecht bezeichnet ein ungeschriebenes Recht aus uralten Zeiten, als Naturschutz noch kein Schlagwort war. Es gilt für Einzelpersonen (nicht für große Gruppen und nicht für Auto-/Wohnmobilfahrer) und bedeutet, daß man die Natur genießen und nutzen, aber nicht zerstören darf.

Zwar wird dieses Recht noch immer relativ liberal gehandhabt und gewährt jedem, der sich in der Natur bewegt, große Freiheiten. Aber in den letzten Jahren erhoben sich verstärkt Stimmen, die nach Einschränkungen verlangen. Nicht selten wurde das Jedermannsrecht arg strapaziert und falsch ausgelegt, so daß es an verschiedenen Plätzen zu Umweltproblemen kam. Vielerorts schränken Verbotsschilder die Bewegungsfreiheit ein.

Man sollte bedenken, daß man gegenüber der Natur nicht nur Rechte, sondern auch Pflichten hat und sich dementsprechend verhalten. In Naturschutzgebieten gelten oftmals strengere Schutzbestimmungen (☞ Land und Leute, Hardangervidda-Nationalpark).

Hier einige grundlegende Verhaltensregeln des Jedermannsrechtes:
Erlaubt ist...
- ▶ Die Übernachtung im Zelt bis zu zwei Nächten an einem Ort in der freien Natur (kultivierte Felder, Wiesen, Gärten und Nutzwald sind davon ausgeschlossen) mit einem Mindestabstand von 150 m zum nächsten Gebäude. Grundstückseigentümer müssen um Erlaubnis gefragt werden. Vorsicht ist in der Brutzeit angebracht.
- ▶ Das Betreten fremder Grundstücke, außer sie sind als Privatgrundstücke gekennzeichnet.
- ▶ Das Baden in Seen und Flüssen, wenn sie nicht Privatgrund sind.
- ▶ Das Feuermachen mit abgestorbenem, am Boden liegenden Holz (außer während des generellen Feuerverbotes vom 15.4. bis 15. 9.).
- ▶ Das Pflücken von Blumen und Sammeln von Pilzen und Beeren für den Eigenverbrauch, wenn diese nicht geschützt sind.

Verboten ist...
- ▶ Feuermachen im Zeitraum vom 15.4. bis 15.9.
- ▶ Lebende Bäume und Sträucher zu fällen oder zu beschädigen.
- ▶ Mit Motorfahrzeugen abseits der befestigten Wege zu fahren.
- ▶ Abfälle in der Natur zurückzulassen. Toilettenpapier sollte am besten verbrannt werden.
- ▶ Angeln ohne Lizenz (☞ Angeln).

Karten

Zur Orientierung und gerade bei schlechtem Wetter ist eine gute Karte unerläßlich.

- ▶ Für die Planung der Touren gibt der DNT kostenlos Übersichtskarten (*Planleggingskart*) u.a. der Hardangervidda heraus. Auf ihr sind die Wegverläufe mit durchschnittlichen Gehzeiten, Hütten sowie Angaben zu entsprechenden Wanderkarten vermerkt. Diese eignen sich ausschließlich zur Tourenvorbereitung!
- ▶ Die *Turkarten* (1:100.000) Hardangervidda Vest und Øst reichen in der Regel zum Wandern aus.
- ▶ Wer Varianten und Extratouren oder Wintertouren plant, nimmt besser topografische Karten der Serie M 711 bzw. N 50 (1:50.000) des Instituts *Statens Kartverk* (SK) mit.
- ▶ Zum Radfahren genügt auch die Straßenkarte von Cappelen (1:325.000) Mittelnorwegen I im Kümmerley+Frey-Verlag.
- ▶ Eine spezielle Radkarte *Rallarvegen* mit vielen interessanten Informationen ist kostenlos vor Ort erhältlich.

- ▶ Alle Karten sind in Norwegen beim DNT in Oslo oder in Buchhandlungen, Touristinformationen und Sportgeschäften erhältlich.

- ▶ In Deutschland erhält man Karten in geografischen Fachbuchhandlungen, im gut sortierten Buchhandel oder bei:
- ♦ NORDIS Buch- und Landkartenhandel, Postfach 100343, 40767 Monheim, ☎ 02173/95370, FAX 54278, ✉ <ELCH@nordis-versand.de> 🖥 <www.nordis-versand.de>
- ♦ Nordland-Versand, Postfach 5, 49585 Neuenkirchen, ☎ 05465/476, FAX 834.

📖 Literatur

Norwegenführer

- *Til fots i fjellet* vom Den Norske Turistforening (DNT), 416 S., Beschreibung sämtlicher markierter Wanderwege in Norwegen mit vielen Informationen (auch in Englisch). Erhältlich beim DNT (☞ Information), NOK 198 oder bei Helga Rahe "Nach Norden" (☞ organisierte Touren), DNT-Mitglied DM 58, Nicht-Mitglied DM 82.
- *Norwegen - Richtig wandern* von Sabine Gorsemann und Christian Kaiser, Dumont-Verlag, mit ein paar ausgewählten Kurztouren auf der Hardangervidda, 240 S., DM 29,80.
- *Abenteuer Trekking Norwegen* von Alwig Derstvenscheg, Bruckmannverlag, Tourenerlebnisbericht und weitere Informationen, 255 S., DM 49,80.
- *Norwegen per Rad* von Frank Pathe, Cyklos-Verlag, mit Kurzbeschreibung des Rallarvegen, 320 S., DM 26,80.
- *Reiseführer Natur: Südliches Skandinavien* von Eckart Pott und Werner Küpker, BLV Verlagsgesellschaft, Naturführer u.a. Hardangervidda-Nationalpark, 240 S., DM 44.
- *Sykkelguide Nordsjøruta und Rallarvegen*, Buch über die Nordseeroute und den Rallarvegen mit Radkarten 1:100.000 sowie 5 Stadtpläne. Zu bestellen bei Fahrradtourismus in Norwegen, Pb 448, 0104 Oslo, FAX 2200-2570, 🖥 <www.bike-norway.com> für DM 30 zzgl. Porto.

OutdoorHandbücher aus dem Conrad Stein Verlag

- *Skiwandern,* John Moynier - Basiswissen für Draußen OutdoorHandbuch Band 6, 66 S., ISBN 3-89392-106-0, DM 12,80/E 6,80.
- *Bergwandern,* Tim Castagne - Basiswissen für Draußen OutdoorHandbuch Band 9, 72 S., ISBN 3-89392-109-5, DM 12,80/E 6,80.
- *Radwandern*, Andreas Bugdoll - Basiswissen für Draußen OutdoorHandbuch Band 34, 120 S., ISBN 3-89392-134-6, DM 14,80/E 6,80.
- *Karte Kompaß GPS,* Reinhard Kummer - Basiswissen für Draußen OutdoorHandbuch Band 4, 84 S., ISBN 3-89392-304-7, DM 14,80/E 7,80.
- *Wildniswandern*, Reinhard Kummer - Basiswissen für Draußen OutdoorHandbuch Bd 7, 89 S., ISBN 3-89392-108-7, DM 12,80/E 7,80.
- *Minimal Impact. Outdoor - naturverträglich,* Martin Zwosta - Basiswissen für Draußen OutdoorHandbuch Band 68, 90 S., ISBN 3-89392-168-0, DM 12,80/E 6,80.
- *Wintertrekking,* D. Heim - Basiswissen für Draußen OutdoorHandbuch Bd. 70, 86 S., ISBN 3-89392-170-2, DM 12,80/E 6,80.

Markierung und Wegzustand

Die **Wanderrouten** sind normalerweise mit Steinmännchen und dem charakteristischen roten T-Zeichen markiert. Häufig verläuft die Strecke auf klar ersichtlichen Pfaden, dort können die Markierungen etwas weiter auseinander liegen. Auf spurlosem Terrain folgen die Wegzeichen so dicht aufeinander, daß man selbst bei schlechter Sicht die Route findet.

In Gebieten mit Sumpf, Steinmangel oder großen Felsplatten sind die roten T-Zeichen direkt auf den Felsboden gemalt oder mit Stöcken markiert.

Im Wald befinden sich die Markierungen an den Bäumen, gelegentlich werden dort auch blaue Ringe benutzt. Wegweiser - meistens große Pfähle mit Schildern aus Holz, manchmal nur in Rot auf den Fels gemalt, stehen an jeder Routenkreuzung.

Sowohl die Pfade als auch die Markierungen können mit Schnee verdeckt sein, sei es durch Altschnee früh in der Saison oder Neuschnee. Auch wenn nicht viel Schnee fällt, durch ungünstige Winde können die Zeichen in Gehrichtung zugeweht werden.

Der **Wegzustand** hängt größtenteils vom Wetter ab. Bei trockenem Wetter verlaufen die Touren oft über ausgetretene Pfade. Allerdings verwandeln sich diese bei andauerndem Regen in kleine Bäche und stehen völlig unter Wasser, so daß man gezwungen ist, am Wegesrand von Stein zu Stein zu hüpfen. Auf Dauer ist dies sehr anstrengend und ermüdend.

Auch gehen verschiedentlich die Auf- bzw. Abstiege über große, mit Flechten überzogene Felsplatten, die bei feuchtem Wetter sehr glitschig und rutschig werden. Hier ist Vorsicht geboten. Im Westteil der Hardangervidda sind zusätzlich häufig Geröllfelder zu queren.

Schließlich treten immer wieder Sumpfgebiete auf, bei denen man teilweise tief in den Schlamm einsinkt, verstärkt im Ostteil der Hochebene.

Fast alle größeren Flüsse sind mittlerweile entschärft durch **Sommerbrücken S** und **Ganzjahresbrücken H**. Die Ganzjahresbrücken bestehen aus festen, massiven Konstruktionen, die das ganze Jahr über begehbar sind. Die meisten sind allerdings Sommerbrücken, die nur während des Sommers vom Personal der großen Touristenhütten aufgebaut werden, d.h. jeder ist für die Brücken in seinem Umkreis zuständig.

Trotz der zahlreichen Brücken muß man dennoch mit **Flußdurchquerungen** rechnen. Auf der Nord-Süd-Querung gibt es noch zwei Furten, und oft sind die kleineren Flüsse und Bäche bei starkem Regen überflutet.

✋ Aufgrund der unterschiedlichen Öffnungszeiten erfolgt der Auf- und Abbau der Sommerbrücken verteilt über einen Zeitraum von ca. einer Woche, jeweils Ende Juni/Anfang Juli und um den 20. September herum zum Ende der Jagdsaison im Herbst. Ohne die Sommerbrücken verwandelt sich eine Tour auf der Hardangervidda in ein anspruchsvolles Unternehmen mit etlichen schwierigen Furten.

Viele der Routen sind im Winter nicht markiert. Meistens erfolgt die Kennzeichnung der wichtigsten **Skirouten** erst zur Hochsaison in den Osterferien. Die Aussetzung der Zeichen, leuchtendrote Stangen, beginnt eine Woche vor Ostern.

🚴 Die **Radrouten** sind mit rotbraunen Schildern mit Radzeichen ausgeschildert, die außerdem die Entfernungen zu den nächsten Ortschaften angeben.

Naturgefahren

Sommer

Touren auf der Hardangervidda sind im Sommer mit keinen besonderen Risiken verbunden. Dennoch sollte man das Gelände nicht unterschätzen. Trotz ihrer durchschnittlichen geringen Höhen von 1.000 bis 1.300 m ist die Hochebene aufgrund ihrer nördlichen Lage nicht mit den entsprechenden Höhen in den Alpen vergleichbar.

Unwetter

Mit urplötzlichen **Wetterumschwüngen, Sturm, Kälte** und **Schnee** muß man auch im Sommer rechnen. Heftige **Winde** können das Kältegefühl erhöhen, massive **Regenfälle** zur Überflutung der Flüsse führen. Tags zuvor harmlose Bäche verwandeln sich in ernstzunehmende Hindernisse, manche Wege zu schlammigen Rutschbahnen.

☺ Man sollte sich in Ruhe nach einer geeigneten Watstelle umsehen, wo der Fluß am breitesten ist und in Ruhe fließt. Niemals barfuß furten (☞ Ausrüstung) und den Hüftgurt öffnen, so daß man den Rucksack im Notfall schnell abwerfen kann!

✋ Nässe, Kälte und unzulängliche Ausrüstung führen unter Umständen zu einer **Unterkühlung**, die lebensbedrohlich werden kann.

✋ Felsige Passagen, insbesondere die Teile des Weges, die über mit Flechten und Moosen bewachsene Felsplatten verlaufen, verlangen bei feuchtem Wetter oder nach Regen große Vorsicht, da sie gefährlich glitschig werden. Wenn auf den Steinen und Felsen Neuschnee liegt, werden diese rutschig. Bei einem Sturz kann man sich böse verletzten.

Altschneefelder

Altschneefelder liegen bis weit in den August hinein und können sehr steil und hart sein. An manchen Stellen (☞ Tourenbeschreibungen) verbleiben sie das ganze Jahr über. Hier sollte man sich Zeit lassen und notfalls mit einem harten Gegenstand Stufen in den vereisten Schnee schlagen. Wo sie Bäche überspannen, erkennt man kritische Bereiche meist an langgezogenen Rissen im Schnee. Diese sollten wegen der Einbruchgefahr weiträumig umgangen werden, auch wenn man dafür von der markierten Route abweichen muß. Schneebrücken immer nur einzeln queren!

✋ Keineswegs sollte man sich von Spuren früherer Wanderer irreführen lassen. Die Bedingungen können sich innerhalb von Stunden ändern. Am besten die Schneedecke grundsätzlich vorher mit einem Wanderstock auf Tragfähigkeit testen.

Winter

Nicht ohne Grund haben Nansen und Amundsen für ihre Nord- und Südpolbezwingungen auf der Hardangervidda trainiert.

Schneestürme

Jederzeit können fürchterliche Schneestürme auftreten, die schnell zu einer lebensbedrohlichen Situation führen können. **Extreme Kälte** bis zu -30 ºC und mehr stellen hohe Ansprüche an die Ausrüstung. Innerhalb kürzester Zeit können heftige **Schneefälle** sowie **Winde** bis zu Orkanstärken ein Vorwärtskommen erheblich erschweren oder sogar unmöglich machen. Möglichst schnell einen geeigneten Zeltplatz suchen oder im Notfall eine Schneehöhle graben (☞ Literatur).

Sichtverhältnisse

Bei Nebel und Sturm hat man im Winter mit äußerst schlechten Sichtverhältnissen zu kämpfen. Die in einen weißen Schleier getauchte Landschaft liefert nur wenige Anhaltspunkte (☞ Markierung). Sehr gute Kenntnisse im Umgang mit einer guten Karte und Kompaß (☞ Literatur) sind erforderlich. Bevor die Orientierung völlig verloren geht, lieber anhalten und besseres Wetter abwarten.

☺ Besonders geeignet für Wintertouren ist ein GPS. Selbst bei widrigsten Sichtverhältnissen findet man den Weg. Heutzutage sind diese Ortungsgeräte auch erschwinglich. Voraussetzung ist natürlich, daß man damit umzugehen weiß (☞ Literatur).

Organisierte Touren

Der norwegische Gebirgswanderverein DNT (☞ Information) veranstaltet mehrtägige Ski-/Wandertouren mit Hüttenübernachtungen.

Der deutsche Veranstalter **Nach Norden** vermittelt die geführten Sommer- und Wintertouren des DNTs und berät ebenfalls bei der Reise nach Norwegen. Bei Gruppen ab 10 Personen wird die komplette Reise auch nach individuellen Wünschen organisiert.

- Nach Norden, Drostestr. 3, 48157 Münster, ☎ 0251/324608, FAX 326846, <helga.rahe@huettenwandern.de> <www.huettenwandern.de>

Zusätzlich bieten lokale Wandervereine und Veranstalter Ski- und Wandertouren an. Informationen erhältlich bei den lokalen Touristenbüros (☞ Tourenbeschreibungen).

Der *Rallarvegen* wird von mehreren norwegischen und deutschen Veranstaltern angeboten. Einige von ihnen haben in ihren Touren den Gletscher Hardangerjøkulen mit im Programm.

- *Norske Fjord Reiser*, PB 596, 6801 Førde, ☎ 69811100, FAX 3109, <norske.fjordreiser@sf.telia.no> <http://efk.prodat.no/fjordreiser>
- *Fjellferie AS*, Skysstasjonen, 3550 Gol, ☎ 32076033, FAX 5333, <askeladden@fjellferie.no> <www.fjellferie.no>
- *Erik & Reidar AS*, Kirkegata 34 a, 0153 Oslo, ☎ 22412380, FAX 2390, <erikogreidar@online.no> <http://erikogreidar.no>
- *Den Rustne Eike*, Vestbaneplassen 2, 0250 Oslo, ☎ 22837231.
- *Rallarritet v/s. Revheim*, Strømgt. 4, 5015 Bergen.
- *Kreutzer Reisen*, München, ☎ 089/54494700.
- *AmphiTrek Radreisen*, Sandbergweg 28, 24943 Flensburg, ☎ 0461/63790, FAX 0461/63789, <info@amphitrek.de>
- *NSB*, komplette Touren mit Zug, Radvermietung, Transport und evtl. Übernachtung.
  NSB (☞ Anreise in Norwegen, Zug).

☏ Post

In Norwegen wird zwischen A- und B-Post unterschieden, wobei A teurer ist, dafür aber schneller transportiert wird. Brief oder Karte muß mit einem entsprechenden Aufkleber versehen werden.
- in der Regel Mo - Fr 🕐 8:30 - 16:30, Sa 9:00 - 13:00.

✋ In Norwegen werden seit dem 01.01.97 die Postsparbücher nicht mehr akzeptiert. Diese Art der Reisevaluta entfällt leider völlig.

Postkarten und Briefe (bis 20 g) sind so zu frankieren:
▶ A-Post nach Europa NOK 6,00.
▶ B-Post nach Europa NOK 5,00.

☺ Die großen Touristenhütten, die eine Verkehrsanbindung haben, bieten einen Briefpostdienst an. Auch in Litlos kann man seine Urlaubskarten loswerden, dort verkehrt regelmäßig ein Wasserflugzeug.

🚲 Fahrradvermietung

▶ Vermieter befinden sich entlang des *Rallarvegen* in Geilo, Haugastøl, Finse, Voss und Flåm. In Finse gehört noch eine gut ausgestattete Fahrradwerkstatt dazu.

▶ Vermietet und auch verkauft wird ein spezielles *Rallarsykkel*, eine Mischung zwischen Mountainbike und normalem Tourenfahrrad, das an die Ansprüche des alten Transportweges angepaßt ist. Es hat 7 Gänge mit einer Nabenschaltung, eine raffinierte Kombination von Bremsen und breite Profilreifen.

▶ Leihgebühr: 1 Tag NOK 175, 2 Tage NOK 300, 3 Tage NOK 375, 4 Tage NOK 450, 1 Woche NOK 600, zuzüglich NOK 50 Versandgebühr für den Zug.

▶ Das Zugversandticket kann hier gleichfalls erworben werden. In Flåm bzw. Finse braucht man das Fahrrad dann einfach nur in der Bahnstation aufgeben.

ℹ️ Rallarvegen Sykkelutleie, Haugastøl Turistcenter, 3593 Haugastøl,
 ☎ 3208-7580, FAX 3208-7674, ✉ <haugastol@bu.telia.no>
 💻 <www.rallarvegen.com>

 Reisezeit

👫🚲 Die Saison für **Wander- und Radtouren** auf der Hardangervidda ist kurz. Ende Juni/Anfang Juli hat man stellenweise noch mit Altschneefeldern (☞ Naturgefahren) zu kämpfen, und im September kann der erste Schnee schon wieder kommen. Je weiter der September fortschreitet, desto schwieriger können die Bedingungen durch eisüberzogene Felsen, tiefen Pulverschnee und sehr kurze Tage werden. In der Regel kann die Hardangervidda ohne Probleme von Mitte Juli bis Anfang September begangen werden. In dieser Zeit haben alle Hütten offen, und sämtliche Sommerbrücken sind aufgebaut.

Juli und August sind gewöhnlich die besten Monate mit sehr kurzen Nächten. Eine Garantie für gutes Wetter hat man jedoch auch dann nicht. Regen und Nieselwetter können immer unerwünscht häufig auftreten, und sogar im Hochsommer besteht die Gefahr von Schnee. Außerdem haben in dieser Zeit die Norweger Sommerferien, d.h. die Hütten sind meistens ziemlich voll.

Reizvoll wäre auch eine Tour Anfang September zur Herbstfärbung. Die Hochebene besticht dann mit leuchtendroten Farben. Zwar kann es schon etwas kalt sein, aber meist herrscht stabiles und relativ trockenes Wetter. Die Hütten sind angenehm leer und die Luft ist erfreulich mückenfrei.

⛷ Für **Skitouren** hängt die günstigste Zeit natürlich vom Wetter und dem Schneezustand ab. Diese Periode kann also von Jahr zu Jahr etwas differieren. Die besten Bedingungen ergeben sich in den Monaten Februar, März bis Anfang April. Im Januar reicht das Tageslicht noch nicht aus, und das Wetter ist noch zu unbeständig. Ab Mitte April muß man mit zu starkem Tauwetter rechnen. Am schönsten zeigt sich der März. Die Tage sind schon ausreichend lang und erfahrungsgemäß halten die Temperaturen sich um angenehme -5 ° herum.

Sprache

Im Norwegischen gibt es zwei Sprachen, das dem Dänischen sehr ähnliche *Bokmål* und das ältere *Nynorsk*, das aus den stärker altnordisch gebliebenen ländlichen Dialekten entwickelt wurde. Geschrieben wird meist Bokmål, das gut 80% der Bevölkerung benutzen. Doch gerade bei der Schreibweise der Orts- und Flurnamen werden oft verschiedene Versionen verwendet.

Verständigungsschwierigkeiten treten eigentlich selten auf. Mit Englisch kommt man fast überall zurecht. Im Touristengebieten wird Deutsch oft gut verstanden und gesprochen.

☏ Telefon

- Das Telefonnetz wird in Norwegen von der teils privaten, teils staatlichen Gesellschaft *Telenor* betrieben.
- Die **Telefonzellen** sind entweder rote, etwas rustikal aussehende Telefonhäuschen, die an die englischen erinnern, oder unauffällige Chromhäuschen mit roter Telenor-Aufschrift. Jeder Anschluß im In- und Ausland kann von jedem Telefon aus selbst angewählt werden. **Kartentelefone** sind weit verbreitet und Münztelefone kaum zu finden.
- Telefonkarten sind fast überall erhältlich, zahlreiche Kioske und Tankstellen verkaufen sie (NOK 40=23 Einheiten, NOK 90=56 Einheiten, NOK 140=100 Einheiten).
- **Innerhalb Norwegens** gibt es nur die achtstellige Rufnummer ohne Ortsvorwahlen.
- **Bei Auslandsgesprächen** wählt man 00 für das internationale Netz, die Rufnummer des jeweiligen Landes (Ⓓ 49, Ⓐ 43, ⒽⒽ 41), die Ortskennzahl ohne die 0 und die Teilnehmernummer.
- Bei Telefonaten nach Norwegen wird zuerst die Ländervorwahl 0047 gewählt und anschließend die achtstellige Rufnummer.

☺ Unterwegs gibt es Möglichkeiten zum Telefonieren in den großen bewirtschafteten Touristenhütten oder Berghotels, jedoch ist das etwas teurer als an den öffentlichen Zellen.

☹ Je weiter Sie sich mit dem **Handy** von den größeren Verkehrswegen und Ortschaften entfernen, desto schlechter werden die Verbindungen. Für den Notfall ist ein Handy zwar nicht schlecht, doch unbedingt darauf verlassen, können Sie sich nicht.

☀ Tageslicht

Im Hochsommer steht in Nordskandinavien die Sonne ständig über dem Horizont. Am Polarkreis (66 °N) läßt sich die Mitternachtssonne von Anfang Juni bis Anfang Juli beobachten. Aber auch im südlichen Skandinavien, im Bereich der Hardangervidda, wird es in dieser Zeit nachts nicht richtig dunkel. Es herrscht lange Abenddämmerung, die bald in Morgendämmerung übergeht. Der Körper stellt sich schnell auf die fast ununterbrochene Helligkeit ein, und man braucht dann weniger Schlaf als gewöhnlich.

Anfang September wird es dagegen bereits schon um 21:00 dunkel und um 8:00 erst wieder hell. Im Winter erscheint die Sonne im Süden nur für wenige Stunden, während alles hinter dem Polarkreis im Dunkeln versinkt. Im Februar erhält die Hardangervidda nur 4 bis 6 Stunden Tageslicht. Für Touren sind die bereits etwas längeren Tage im März mit ca. 8 Stunden Tageslicht geeignet.

Unterkunft

Im Gebiet der Hardangervidda ergeben sich Unterkunftsmöglichkeiten verschiedener Kategorien, die entweder in Besitz des norwegischen Gebirgswandervereins DNT (norw. *Den Norske Turistforening*) und seiner örtlichen Bergwandervereine oder in Privatbesitz sind.

Die Qualität und Ausstattung der Touristenhütten variiert dabei von kleinen, gemütlichen Holzhütten mit wenig Komfort bis zu riesigen Komplexen mit Vollservice und Massenabfertigung, den sogenannten "Berghotels".

Viele Unterkünfte sind nur während bestimmter Zeiten im Jahr geöffnet. Mit wenigen Ausnahmen sind sie grundsätzlich vom 15.10. bis 15.02. geschlossen (☞ einzelne Tourenbeschreibungen).

☹ Wenn möglich sollte man Touren in der Hochsaison (Sommer: Mitte Juli bis Mitte August, Winter: die Woche vor Ostern bis Ostermontag) vermeiden. Die Hütten sind dann vollbelegt. Zwar wird kein Gast abgewiesen, doch der Schlafkomfort ähnelt stark dem in einer Sardinenbüchse. Man erhält eine Matratze und Decke und sucht sich irgendwo auf dem Fußboden ein freies Fleckchen.

▶ Der DNT gibt jährlich kostenlose Broschüren für Winter und Sommer heraus, die alle nötigen Informationen enthalten. Die Hütten des DNT lassen sich unterscheiden in:

DNT Bewirtschaftete Hütten

▷ Vollservice- oder bewirtschaftete Hütten bieten alle Mahlzeiten an. Gelegenheiten zum Selberkochen gibt es nicht.
▷ Im Preis sind Frühstück und Bett/Matratze zuzüglich Abendessen enthalten, selbstgemachtes Lunchpaket und Kaffee/Tee zum Mitnehmen in der eigenen Thermoskanne.
▷ Die meisten haben Zwei-/Vierbettzimmer sowie ein Matratzenlager. Ein Schlafsack wird benötigt. Leinenschlafsäcke können häufig vor Ort gekauft werden.

▷ Vorhanden sind außerdem ein großer Trockenraum, warme Duschen (müssen meistens extra bezahlt werden, NOK 5 und mehr) und ein kleiner Laden.
▷ Reservierungen können erst ab mindestens drei Übernachtungen vorgenommen werden. Die Hütten sind für durchreisende Wanderer gedacht.
▷ DNT-Mitglieder erhalten ca. 25% Rabatt.
▷ Die meisten bewirtschafteten Hütten verfügen über eine Selbstbedienungshütte, die allerdings nur benutzt werden darf, wenn die Haupthütte geschlossen hat.

⇦SB DNT Hütten mit Selbstbedienung

▷ Die Selbstbedienungshütten haben als Ausstattung einen Gemeinschaftsraum mit Tischen, Bänken, Kochnische mit Gasherd, Spülmöglichkeit, Töpfen und Geschirr, Ofen mit Brennholz.
▷ Schlafräume mit bis zu 10 Betten, Kissen und Decken (Schlafsack oder Leinensack notwendig, einige Wanderer haben sogar richtige Bettwäsche dabei).
▷ Trinkwasserstelle und WC draußen, keine Duschen.
▷ Möglichkeit, um Abfall zu beseitigen.
▷ einen kleinen Laden mit einer guten Auswahl an Lebensmitteln für alle Mahlzeiten (☞ Verpflegung).
✋ In den Hütten gibt es keinen Strom.
☺ DNT-Mitglieder erhalten ca. 40% Rabatt.

▶ Die Übernachtungs- und evtl. Lebensmittelgelder sind in einen eigens dafür vorgesehenen Behälter in der Hütte zu entrichten. Allerdings besteht keine Möglichkeit zum Wechseln, man muß es schon passend haben. Ungern, aber akzeptiert wird auch eine Nachzahlung beim Hauptsitz in Oslo (☞ Information).

Statt mit Bargeld kann man auch mit Kreditkarte bezahlen. Dafür füllt man eine einmalige Bankvollmacht (norw. *Engangsfullmakt*) aus. Die notwendigen Formulare liegen vor.

✋ Es ist eine typische Unsitte mancher Touristen und ein gravierender Vertrauensmißbrauch, Übernachtungen oder Lebensmittel zu "schnorren". Das Instandsetzen und -halten der Hütten im Gebirge ist eine aufwendige und kostspielige Angelegenheit!

✋ Für die meisten Selbstbedienungshütten benötigt man einen **Schlüssel**. Er kann gegen Pfand (NOK 100) nur von DNT-Mitgliedern beim DNT-Büro in Oslo, bei Helga Rahe vom Büro "Nach Norden" oder bei der nächsten bewirtschafteten Hütte ausgeliehen werden (☞ Mitgliedsausweise).

▶ Häufig sind die Selbstbedienungshütten im Sommer offen, dennoch sollte man sich nicht darauf verlassen. Im Frühjahr, wenn die Rentiere kalben, können viele verriegelt sein. In dieser Zeit versuchen die Bergvereine, die sensible Natur von Störungen durch Wanderer freizuhalten.

Die folgende Übersicht gibt die 2001 gültigen Preise in NOK an:

Bewirtschaftete DNT-Hütten	Mitglied	Nichtmitglied
Ein- - Dreibettzimmer	170	220
Vier- - Sechsbettzimmer	130	180
Matratzenlager	85	145
Matratze am Boden (nur bei Überfüllung)	60	110
Leinenschlafsack (nur Verleih)	40	50
Zelten	40	50
Frühstück	70	90
Abendessen (Vorspeise, Hauptgericht, Nachtisch, Kaffee)	155	185
Abendessen (nur 1 Gericht)	105	120
Lunchpaket (pro Scheibe)	10	13
Kaffee/Tee pro Thermosflasche	20	25

Selbstbedienungshütten	Mitglied	Nichtmitglied
Übernachtung inkl. Holz und Gas	130	185
Matratze (nur bei Überfüllung)	55	120
Tagesbesuch (bis 18:00)/Zelten	40	50

Mitgliedschaft	Beitrag
Hauptmitgl.	365
Jugendmitgl. - 25 J.	175
Seniormitgl. über 67 J.	195
Familienmitgl.	140

Ein Familienmitglied ist man, wenn ein Haupt- oder Seniormitglied die gleiche Heimanschrift besitzt. Mitglied kann jeder unabhängig von seiner Nationalität werden. Kinder bis 4 Jahre gratis. Kinder von 4 bis 14 Jahren zahlen den halben Preis.

▷ **Mitgliedsausweise** können in Deutschland und der Schweiz erworben werden von...

Ⓓ Nach Norden, Helga Rahe, Drostestr. 3, 48157 Münster, ☎ 0251/324608, FAX 326846, ✍ <helga.rahe@huettenwandern.de> mit Schlüssel.

CH Aaserud & P. Schwarz, Bruggwaldstr. 27 A, 9008 St. Gallen, kein Schlüssel.

▷ **Mitgliedsausweise** können beim DNT in Oslo, auf jeder bewirtschafteten Hütte in Norwegen (mit Schlüssel) erworben werden von...
- Bergen Turlag, Tverrgt. 4/6, 5017 Bergen.
- Geilo Turistservice A/L, 3580 Geilo.
- Kristiansand og Opplands TF, Kristian IVs gt. 12, 4612 Kristiansand.

☺ Eine Mitgliedschaft lohnt sich schon bei einer einzigen Hüttentour, jedoch nicht bei einer einmaligen Hüttenübernachtung.

⇨ DNT Privathütten und Berghotels mit DNT-Rabatt

Eine weitere Kategorie bieten private Unterkünfte unterschiedlichsten Standards, die DNT-Mitglieder meistens ca. 10% Rabatt gewähren.

⇨ Privathütten und Berghotels ohne DNT-Rabatt

Vor allem in den Randbereichen der Hardangervidda trifft man auf private Hütten mit Hotelstandard, die sogenannten Berghotels, und normale Hotels, die DNT-Mitgliedern keinen Rabatt gewähren.

Weil der Begriff "Hotel" in Norwegen gesetzlich geschützt ist und an einen hohen Standard gebunden ist, stellen diese die teuerste Übernachtungsart dar.

⚠ Zelten

Das ☞ Jedermannsrecht ermöglicht, daß man fast überall unter Beachtung einiger Regeln frei zelten kann. Allerdings bereitet es des öfteren Schwierigkeiten, einen trockenen Zeltplatz zu finden. Die Hardangervidda verfügt über ein reichhaltiges Angebot an Feuchtgebieten, insbesondere nach starken Regenfällen. Zeltet man in einem Umkreis der Hütten unter 200 m, ist ein Obulus zu entrichten. Dafür kann man jedoch die Einrichtungen benutzen.

🏠 Jugendherbergen

haben im allgemeinen einen hohen Standard und die meisten verfügen über Zwei- bis Sechsbettzimmer. Eine Besonderheit sind in vielen Fällen die Familienzimmer für junge Ehepaare mit Kindern.

Das Frühstück besteht aus dem in Skandinavien üblichen Büffet. In der Hochsaison empfiehlt sich in größeren Städten und in beliebten Feriengebieten wie z.B. in Flåm eine Reservierung.

🛈 Norske Vandrerhjem, Nygaten 3, PO Box 623, 5001 Bergen, ☎ 5532-2377, FAX 5532-3015, 🖥 <www.vandrerhjem.no>

✕ Verpflegung ♀

Versorgungsmöglichkeiten
▶ Auf der Hardangervidda findet man im Sommer ausgezeichnete Verpflegungsmöglichkeiten. Fast alle Unterkünfte bieten Mahlzeiten an und verfügen oft über einen kleinen Laden.

▶ In den Selbstbedienungshütten kann der Wanderer aus einem guten Sortiment an Lebensmitteln auswählen. Viele Norweger gehen ohne irgendwelche Vorräte in die Berge los und versorgen sich unterwegs auf den Hütten mit dem Notwendigen. Ausländische Wanderer, die sich mit ihren schweren Rucksäcken abschleppen, werden nur müde belächelt. So eine Tour kann aber schnell zu einem teuren Vergnügen werden (☞ Lebensmittelpreise/Einkauf).

▶ In den bewirtschafteten Hütten werden hauptsächlich Mahlzeiten aus typisch **norwegischen Spezialitäten** angeboten: u.a. Forelle, Lachs, Rentier, Blau- und Moltebeeren und diverse norwegische Käsespezialitäten wie der etwas karamelartige, bräunliche *Gudbrandsdalost*. Sie sind eine echte Bereicherung für den täglichen Speiseplan, insbesondere die skandinavischen Frühstücksbüfetts.

☺ Auf jeden Fall sollte man sich auf einer West-Ost-Querung einen Stopp in der Hütte von Besså nicht entgehen lassen, ein lukullischer Höhepunkt der Tour. Die Hüttenwirte stellen die meisten Gerichte selber her, selbst Butter und Brot. Verwendet wird größtenteils, was ihnen die Hardangervidda bietet, z.B. frisch gefangene Forelle aus dem See, Moltebeertorte oder selbstgemachte Blaubeermarmelade.

Lebensmittelpreise/Einkauf
▶ Noch bis vor wenigen Jahren war Norwegen ein teures Urlaubsland. Im allgemeinen hat sich das norwegische Preisniveau aufgrund des Preisanstiegs in Deutschland in den letzten Jahren an dieses angenähert. Allerdings sind die Ge-

biete der Hardangervidda, des Hardangerfjords und des Aurlandfjords sowohl im Sommer als auch im Winter beliebte Touristenziele und stark durch die Tourismuswirtschaft geprägt. Dementsprechend hoch sind die Preise.

Die Nahrungsmittel und Proviantvorräte für sämtliche Hütten auf der Hardangervidda müssen im Frühjahr per Schneescooter aufwendig zu diesen hingebracht werden, manchmal auch im Sommer mit dem Wasserflugzeug oder dem Hubschrauber. Die Kosten dafür werden auf die Nahrungsmittel aufgeschlagen und führen zu hohen Preisen.

▶ Essen auf den Hütten ist nicht gerade billig. Die Menüpreise sind mit denen in einem gutem Restaurant vergleichbar.

▶ Es gibt kein einheitliches Ladenschlußgesetz. Die Geschäfte schließen im Sommer recht früh, haben aber donnerstags und freitags oft länger geöffnet.

▶ In Kiosken kann häufig auch sonntags und abends bis 22:00 eingekauft werden. Tankstellen mit Lebensmittelverkauf sind oft rund um die Uhr offen. Große Supermärkte ermöglichen es in der Regel, bis 20:00 einzukaufen.

Trinkwasser

▶ Es ist wichtig, darauf zu achten, über den Tag verteilt genug Flüssigkeit aufzunehmen. Trinkwasserprobleme ergeben sich auf der Hardangervidda im Sommer nicht. Zahlreiche Bäche und Flüsse kreuzen den Weg.

▶ Aus stehenden oder modrigen Gewässern sollte man nicht trinken. Die kleinen Tümpel und Teiche sind Brutstätte der Mücken. Zur Not sollte das Wasser gut abgekocht werden oder beispielsweise mit Certisil oder Micropur desinfiziert werden.

▶ Auf einer Skitour im Winter gewinnt man das einzige Trinkwasser durch Schmelzen von Schnee. Aufgrund der Wasserknappheit sollte man sparsam damit umgehen. Die Hygiene gerät dabei ziemlich in den Hintergrund. Ein Trost: man gewöhnt sich recht schnell an die diversen "Düfte".

☺ Es empfiehlt sich, morgens eine große Thermosflasche mit einem heißen Getränk für unterwegs zu bereiten. Etwas Kaltes würde dem Körper zuviel Energie entziehen, um sich wieder aufzuwärmen. Ein heißer Tee mit Zucker spendet zusätzlich nötige Power, und man kann sich die Finger an der Tasse wärmen.

Proviant

▶ Eine ausgewogene Ernährung ist für den Wanderer besonders wichtig. Die Proviantauswahl sollte mit entsprechender Sorgfalt getroffen werden.

Am besten eignen sich alle gefriergetrockneten Lebensmittel. Dosen und andere schwere (wasserreiche) Sachen haben im Rucksack nichts zu suchen.

☺ Um Gewicht einzusparen können überflüssige Verpackungen bereits vor dem Packen des Rucksacks werden entfernt.

▶ Es sind jedoch nicht nur Gewicht und Volumen zu beachten, auch der Kaloriengehalt darf nicht vernachlässigt werden. So beträgt der tägliche Bedarf eines Erwachsenen im Schnitt 3.000 bis 5.000 Kalorien, wobei diese Werte natürlich individuell, je nach Körpergröße und Anstrengung, variieren können. Die Hälfte der benötigten Energiemenge sollte mit Kohlehydraten (Zucker und Mehlspeisen) gedeckt werden, der Rest wird durch Fett und Eiweiß ergänzt.

▶ Ein gutes Frühstück muß sein - die wichtigste Mahlzeit des Tages! Müsli oder Haferflocken, die sich mit Milchpulver zubereiten und mit getrockneten Früchten und Nüssen weiter verfeinern lassen, bieten eine solide Basis für den Wandertag.

Es schadet auch nicht, unterwegs kleine Happen wie Schokolade, Trockenobst, Müsliriegel oder ein paar belegte Brote in der Nähe zu wissen.

▶ Einmal am Tag sollte eine ausgedehnte Pause eingelegt werden. Dann ermöglicht zum Beispiel eine Thermosflasche mit heißem Wasser den Genuß einer Tasse Suppe. Fladenbrot oder Knäckebrot bieten eine gute Ergänzung.

▶ Die Hauptmahlzeit wird abends eingenommen. Neben Kartoffelpüree und Reis steht ein großes Sortiment an Nudelgerichten zur Auswahl, die sich mit Tütensaucen (wird bereits oft auch beides in einem angeboten) zum herzhaften Mahl verarbeiten lassen.

Wahrscheinlich werden Gewichtsfanatiker gefriergetrocknete Mahlzeiten bevorzugen. Dem etwas geringeren Gewicht stehen allerdings deutlich höhere Preise gegenüber. Die Fertigmahlzeiten von Knorr bzw. Maggi oder die norwegische Marke *Torre* (☞ Lebensmittelpreise/Einkauf) bieten hier eine preiswerte (und manchmal schmackhaftere) Alternative.

☹ Man sollte sich aus Gewichtsgründen nicht absolut alles verkneifen, worauf man Lust hat. Etwas zur Belohnung an einem anstrengenden Tag tut Wunder, und schließlich haben Sie Urlaub.

Wandertouren - Planung und Vorbereitung

Zum Fjell findet man den Zugang auch ohne extreme Ausrüstung, alpine Technik oder überdurchschnittliche Kondition. Etwas Vorbereitung, eine gute Ausdauer, da die Hütten teilweise ziemlich weit auseinander liegen, und eine gute Grundausrüstung reichen eigentlich aus, um eine Wandertour auf der Hardangervidda genießen zu können.

Bei der **Streckenplanung** ist es wichtig, das eigene Tempo nicht zu überschätzen. Als Richtwert gilt, daß ein halbwegs durchtrainierter Wanderer in ebenem Gelände mit einem 15 bis 20 kg schweren Rucksack 3 bis 4 km in der Stunde zurücklegen kann. Bergauf lassen sich in dieser Zeit etwa 400 bis 500 m Höhenunterschied bewältigen. Zwar ergeben sich nur solch große Anstiege, wenn man zur Hardangervidda hochsteigt, dennoch summieren sich die zahlreichen kleineren Steigungen zu einer beachtlichen Anzahl von Höhenmetern. Gerade im gebirgigeren Westteil sind die Strecken nicht zu unterschätzen. Die Zeitangaben des DNT auf den Karten sind eher für den durchtrainierten Wanderer gedacht - im Allgemeinen kann man etwas Zeit dazurechnen.

Ein vieldiskutiertes Thema ist das **Rucksackgewicht**. Generell wird empfohlen, daß der Rucksack nicht mehr als 20 kg (bei Frauen 15 kg) wiegen sollte. Optimal sind jedoch 15 kg (Frauen 10 bis 12 kg). Bei längeren Touren mit Zelt, bei denen neben dem gesamten Proviant unter Umständen noch alpine Kletterausrüstung für z.B. Gletschertouren transportiert werden muß, lassen sich diese Vorgaben kaum einhalten. Es ist ratsam, das Gewicht vor Beginn der Tour zu kontrollieren und Überflüssiges rigoros auszusortieren.

Ein gut ausgebautes Netz an **Unterkünften** überzieht die Hardangervidda (☞ Reise-Infos von A bis Z, Unterkunft), die in Tagesetappen von einander entfernt stehen. Allerdings kann die Etappe schon einmal um die 25 km lang sein. Wildcamping ist erlaubt (☞ Reise-Infos von A bis Z, Jedermannsrecht).

Zur eigenen **Sicherheit** ist es ratsam, sich Informationen über die Wetterprognosen einzuholen (☞ Reise-Infos von A bis Z, Naturgefahren), bevor man sich auf den Weg macht. Bei Sturm oder Unwetter kann es unter Umständen besser sein, an sicherer Stelle abzuwarten oder umzukehren. Für solche Fälle ist es nicht schlecht, wenn der Proviant etwas großzügiger bemessen ist.

Am besten nie allein gehen. Es ist zu empfehlen, sich am Ausgangspunkt (Hütte, Campingplatz usw.) beim Wirt abzumelden oder ins Gästebuch einzutragen, das praktisch in jeder Hütte zu finden ist. Man hinterläßt die geplante Route und den Zeitpunkt, zu dem man spätestens am Zielort eintreffen will. Taucht man nicht am Zielort auf, kann eine Suchaktion eingeleitet und bei Bedarf der Rettungsdienst informiert werden. Die Rettungsaktion wird durch hinterlegte Informationen erheblich erleichtert. Es ist äußerst wichtig, sich beim Eintreffen am Zielort auch wieder zurückzumelden, um eine sinnlose und kostspielige Suchaktion zu vermeiden!

Besuchen Sie uns doch mal auf unserer Homepage im Internet. Dort finden Sie...
- ▷ aktuelle Updates zu diesem OutdoorHandbuch und
- ▷ zu unseren anderen Reise- und OutdoorHandbüchern,
- ▷ Zitate aus Leserbriefen,
- ▷ Kritik aus der Presse,
- ▷ interessante Links,
- ▷ unser komplettes und aktuelles Verlagsprogramm sowie
- ▷ viele interessante Sonderangebote für Schnäppchenjäger:
- 🖳 http://outdoor.tng.de

Karibu Adventure

Hundeschlitten-, Trekking- und Kanu-Touren in Skandinavien, Afrika, Kanada und Alaska

- ★ **Kanutouren** in Südschweden und Lappland
- ★ **Wochenend-Elch-Touren** in Schweden
- ★ **Fjäll-Wanderwochen** für Einsteiger in verschiedenen schwedischen Nationalparks (wir stellen die gesamte Ausrüstung)
- ★ **Trekkingtouren** durch den Sarek-Nationalpark in schwedisch-Lappland (200.000ha Wildnis)
- ★ **Trail of '98** Trekking- und Kanutouren durch Alaska und Kanada
- ★ **Trekking-Tour über den Chilkoot-Paß** von Alaska nach Kanada
- ★ **Yukon-Kanu-Tour** von Whitehorse nach Dawson City (760km)

- ★ **Hundeschlittentouren** in Norwegen, Schweden und Alaska
- ★ **Geländewagen-Touren** durch die Sahara Nordafrikas sowie **Dromedar-Safaris**

Wir reisen nur in Kleingruppen!
Skandinavien 8 Personen; Alaska und Kanada max. 11 Personen
Für Kleingruppen von 8 Personen veranstalten wir auch **Sondertouren!**

Kataloganforderung und Buchungen:
Sabine Orschakowski, Heimstättenweg 40
D-24220 Flintbek, Tel./Fax 04347/708158

Abenteuer-Reisen und -Ausrüstung

Tour 1: Die Nord-Süd-Querung

Gletscherzunge Rembesdalsskåki

Diese Tour führt durch den gebirgigeren Westteil der Hardangervidda. Sie verläuft zwischen Finse, gelegen im Norden an der *Bergensbanen*, und Haukeliseter am Südrand der Hochebene. Die Strecken sind gekennzeichnet durch ein ständiges Auf und Ab über unzählige Bergkuppen und durch tiefe Täler. Landschaftlich gesehen ist eine Tour im Westen der Hardangervidda spektakulärer als im Osten. Das Bild wird geprägt durch die beeindruckenden Eismassen des Hardangerjøkulen, den schönen Hardangerfjord, einige herrliche Wasserfälle, u.a. dem Vøringsfossen und dem markanten Berg Hårteigen. Mit bis zu 1.700 m erheben sich hier höhere Gebirgsrücken als im Osten (☞ Land und Leute, Geologie). Die Strecke ist insgesamt etwas felsiger mit einigen leichten Kletterstellen. In welche **Richtung** der einzelne den Weg laufen möchte, ist im wesentlichen Geschmackssache. Manche empfinden den Hardangerjøkulen als krönenden Abschluß. Kühne Rechner werden dagegen schnell den Vorteil der höhenmäßig guten Ausgangslage von Finse (1.222 m) erkannt haben, während in Haukeliseter gleich zu Beginn ein steiler Anstieg von 420 m wartet. Außerdem muß man schon ein Konditionstier sein, anschließend noch die weite Strecke zur nächsten Hütte nach Hellevassbu zu schaffen, die mit etlichen Anstiegen gespickt ist. Die Gesamtstrecke (122 km) ist unter normalen Bedingungen in sieben Tagesetappen zu schaffen. Mit Rücksicht auf einige Abstecher und manchmal etwas längere Etappen, aber auch auf Schlechtwettereinbrüche schadet ein wenig Extrazeit nicht. Abstecherbeschreibungen sind innerhalb der Wegbeschreibung durch grau-gestrichelte Linien am Rand hervorgehoben.

Etappe 1: Finse - Rembesdalseter

➲ 20 km ❙ Nord → Süd 7½ - 8 Std. ❙ Süd → Nord 8½ Std. ❙ ↑ 320 m ↓ 600
Abstecher: Gletscherzunge Blåisen

Die erste Etappe steht völlig im Bann des Gletschers **Hardangerjøkulen** (☞ Rallarvegen, Etappe 1, Der Hardangerjøkulen). Sie verläuft entlang der Westseite und hält einige atemberaubende Ausblicke bereit. Die Tour beginnt in **Finse** (1.222 m), von wo man einen herrlichen Blick über den See **Finsevatnet** (1.214 m) auf den Hardangerjøkulen (1.839 m) hat (📷 S.96).

☺ Wer etwas Zeit hat, sollte unbedingt einen Tag in Finse verbringen. Neben dem Rallar-Museum lohnt sich, falls das Wetter es zuläßt, auch ein Abstecher zur Gletscherzunge Blåisen, wo man die zerklüfteten Eismassen aus nächster Nähe betrachten kann (☞ Abstecher zur Gletscherzunge Blåisen).

Das Eisenbahnmuseum in Finse

Vom **Bahnhof** aus folgt man zuerst dem alten Transportweg *Rallarvegen* in westlicher Richtung am See und den Bahnschienen entlang. Kurz hinter einer Unterführung der alten Bahnstrecke biegt der Wanderweg nach Rembesdalseter linker Hand über die Gleise runter ab und passiert das rote, ehemalige **Bahninspektorhaus von Nordnut**. Unten beim Fluß **Sandåi** trifft man auf die erste Sommerbrücke. Nur ein paar Meter weiter mündet der Fluß **Ustekveikja** in den Finsevatnet.

✋ Überreste einer alten Brückenverankerung und rote T-Zeichen auf dem anderen Ufer weisen darauf hin, daß früher hier einmal die Sommerbrücke hinüber geführt hat. Die neue Hängebrücke befindet sich etwas weiter flußaufwärts. Falls noch zuviel Schnee liegt, ist die Brücke eventuell noch nicht aufgebaut. Eine geeignete Furtstelle muß man dann suchen (☞ Reise-Infos von A bis Z, Naturgefahren).

Anschließend beginnt der Anstieg zum Gletscher. Anfangs geht es über Moose und glattpolierte Felsplatten, doch je höher man kommt, desto gerölliger wird der Untergrund. Mehrere Altschneefelder sind zu queren, die teilweise recht steil sind und in kleine Teiche hinein reichen. Zusätzlich ist dieses Stück durch lange Holzstangen mit einer rotweißen Kappe markiert. Der Weg verläuft entlang eines Baches, der zweimal zu queren ist. Im Juli kann dieser eventuell noch unter Schnee vergraben sein.

Nach 2½ Std. ist die **Paßhöhe** (1.500 m) südlich der Anhöhe **Dyrhaugane** (1.583 m) erreicht, auf der eine Radiosendestation installiert ist.

📷 Während des Aufstiegs ergibt sich eine schöne Aussicht zurück nach Osten über den Finsevatnet bis Finse. Nach Westen blickt man über den *Rallarvegen* entlang der alten Eisenbahnstrecke bis zum Café Fagernut beim Fagervatnet. Ab der Paßhöhe hat man ein schönes Panorama nach Osten über die Gletscherzunge Ramnabergbreen, die weiter unten in einen Gletschersee kalbt.

Entlang der Westseite des Gletschers steigt man langsam über etliche Altschneefelder ab, läßt den **Gletschersee** (1.412 m) linker Hand liegen und kommt 1½ Std. hinter der Paßhöhe zum **Ramnabergvatnet** (1.375 m) unterhalb des Gipfels **Ramnabergnuten** (1.729 m) an. An dessen Fuß rauscht ein Wasserfall unter dem Schnee hervor. Auch dieser See wird westlich entlang der **Moräne**

Svartrandane (☞ Land und Leute, Geologie) passiert.

Auf halber Strecke weist ein großer Steinmann auf eine Abzweigung in westlicher Richtung zur winzigen Siedlung Hallingskeid an der Bergen-Bahn. Nach einer kleinen Anhöhe führen die Markierungen zu einem Fluß unterhalb des Sees **Nutavatnet** (1.366 m). Eine große Hängebrücke und eine kleine pro-

Sommerbrücke beim See Nutavatnet

visorische, aus zusammengenagelten Holzbrettern helfen im Sommer hinüber. Ein weiterer See wird östlich passiert. Anschließend erfolgt ein kurzer, steiler Abstieg durch ein enges Tal. Der Weg setzt sich entlang der schroffen Felswände des **Luranuten** (1.642 m) fort und streift im nächsten Tal einen kleinen See südlich. Hier findet man schöne Stellen zum Zelten. Südwestlich oben auf der Anhöhe **Lureggane** läuft der Weg noch einmal südlich an einem kleinen See vorbei und quert eine große Felsplatte in einem scharfen Bogen nach Süden.

Dann liegt nach 2¼ Std. seit dem Ramnabergvatnet endlich der grünliche Stausee Rembesdalsvatnet in östlicher Richtung zu Füßen, oberhalb des schmalen und tiefen Fjordtales **Simadalen**. Man kann bereits die DNT-Hütte Rembesdalseter am Stausee sehen. Von der Kante hat man eine herrliche Fernsicht nach Süden über die Hochebene.

Es geht über glatte, mit Moosen und Flechten bewachsene Felsplatten hinunter, die bei Nässe gefährlich glitschig werden.

Bei einem Wegweiser wendet man sich scharf nach Osten, während eine weitere Route westlich nach Hallingskeid abbiegt. Der Abstieg wird nun sehr steil, teilweise sehr morastig und steinig und endet an einem kleinen See.

Nur noch am See linker Hand vorbei, und kurz dahinter ist die Hütte von **Rembesdalseter** (955 m) erreicht. Sie liegt oberhalb des **Rembesdalsvatnet** (905 m) mit Blick auf die Gletscherzunge **Rembesdalsskåki**. *Seter* ist die norwegische Bezeichnung für Alm, d.h. im Sommer werden die Schafe hier zum Weiden in die Berge getrieben. Rembesdalseter wird noch immer genutzt. Die kleinere

Aufstieg aus dem Simadalen

Hütte des Hirten steht neben der DNT-Hütte. Überall laufen Schafe herum, die auch etwas spöttisch "Pulloverschweine" genannt werden.

🛌 SB DNT-Hütte Rembesdalseter, 7 15.02. - 15.10., 18 Betten.

Abstecher zur Gletscherzunge Blåisen ⇔ 3 bis 4 Std.

In Finse dem alten Transportweg nach Osten zum Ende des Finsevatnet folgen. Dort zweigt der Wanderweg zur Krækkja-Hütte und zum Hardangerjøkulen nach rechts ab.

Ein Stück weiter geht es über die Staumauer des Finsevatnet. Kurz dahinter gabelt sich der Weg erneut, nach Südosten in Richtung Krækkja und nach Süden zur Gletscherzunge. Man läuft nun auf den Gipfel Nordre Kongsnuten (1.616 m) zu, der deutlich aus den Eismassen herausragt. Auf seiner Ostseite wird er von der Gletscherzunge Blåisen eingerahmt, auf der Westseite von der Middalenzunge. Der Weg führt durch leichtgewelltes Gelände, in dem auch im Sommer noch größere Schneefelder liegen können.

Schließlich wird die Brücke **S** über den Gletscherfluß Styggelvane nach 1¼ Std. erreicht. Gleich danach gabelt sich der Weg wieder, der rechter Hand zur Schutzhütte am Middalen führt, während man linker Hand der Ausschilderung zum Blåisen folgt. Das letzte Stück verläuft über Moränen, die im 18. Jh. beim Vorstoß des Gletschers entstanden sind, bis zur letzten Anhöhe. Von dieser ergibt sich ein faszinierender Ausblick über den Blåisen. Von der Anhöhe aus läuft man dann hinunter bis direkt an die stark zerklüfteten Eismassen.

✋ Vorsicht direkt am Gletscher. Eisbrocken können abbrechen. Auch sollte man nie ohne erfahrenen Führer, Eisaxt, Seil und Steigeisen auf den Gletscher steigen.

Etappe 2: Rembesdalseter - Liseth

↻ 17 km ❙ Nord → Süd 8 - 8½ Std. ❙ Süd → Nord 8½ - 9 Std. ❙ ↑ 740 m ↓ 910 m
Abstecher: Vøringsfossen

Kaum eine Etappe dürfte mit so vielen Sehenswürdigkeiten aufwarten wie die folgende: herrliche Gletscherzungen, tiefe Fjordtäler und der berühmte Wasserfall Vøringsfossen. Die Schilder auf der Rückseite der **DNT-Hütte** weisen die

T-Zeichen: die Markierung der Wanderwege

heutige Gehrichtung an: Liseth und Simadalen, zu Beginn auch Kjeldebu. Ein rotes T an dem kleinen **Holzhäuschen Hundenhus** oberhalb des Toilettenhäuschens zeigt, wo der Weg beginnt.

✋ Nicht dem deutlichen Trampelpfad direkt am Toilettenhaus vorbei folgen.

Es geht oberhalb des Stausees in ständigen kurzen Auf und Ab mit einigen Kletterstellen zwischen massiven Felsbrocken hindurch. Dies kostet viel Zeit und Anstrengung. Entschädigt wird man jedoch mit einem grandiosen Ausblick auf die beeindruckende Gletscherzunge **Rembesdalsskåki**, die immer näher kommt.

Zu Füßen liegt der geheimnisvoll tiefgrüne **Rembesdalsvatnet**, in den sich auf der gegenüberliegenden Seite über die Felsen schäumende Wasserkaskaden stürzen. Fast viereckig, wird er im Süden durch einen großen, geraden Damm begrenzt.

Nach 1 Std. taucht hinter einer Biegung die **Hängebrücke S** über den Gletscherfluß auf, der orogenetisch (stromabwärts gesehen) links unter dem Eis hervorschießt. Die Felsen unterhalb der Gletscherzunge bis hinunter zum See sind völlig rund geschliffen und haben teilweise tiefe Spurrillen (☞ Land und Leute, Geologie). In den 50er Jahren wurden sie noch vom Rembesdalsskåki bedeckt. Bis 1910 kalbte die Gletscherzunge sogar in den See. Im Verlauf der letzten 30 Jahre zog sie sich jedoch um ganze 800 m zurück, was zum Anstieg des Seespiegels um 25 m führte. Gefürchtet war die Gletscherzunge allerdings aufgrund ihrer verheerenden Gletscherläufe (☞ Die Demmevatn-Katastrophen).

Im Zickzack leiten einen die auf den Felsen gemalten T-Zeichen vom Stausee weg den Berghang zum **Moldnuten** (1.271 m) hoch. Gelegentlich muß man ein bißchen klettern. Je höher man steigt, desto besser ist die Aussicht über die Gletscherzunge.

✋ Kleine Rinnsale fließen über die Steine, ideal für Moose, und verwandeln die Felsen in Rutschbahnen. Nur mühselig kommt man voran. Die ganze Strecke ab Rembesdalseter beansprucht wesentlich mehr Zeit als auf den Karten angegeben. Statt 1 Std. benötigt man daher 2¼ Std. bis zur Weggabelung oben am Fluß Tret.

Während es dort nach Südosten nach Kjeldebu geht, folgt man dem Weg nach Südwesten nach Liseth, Fossli, Simadalen und Vøringsfossen über die Kuppe vom Moldnuten. Der angenehme Abstieg führt östlich um die Erhebung **Torkjelshøgdi** (1.196 m) herum. Unerwartet steht man auf dem Grat Storhaugen, der Simadalen vom Tal Skykkjedalen im Osten trennt.

Hier hat man einen großartigen Blick in das schmale Simadal und den Fjord. Über 1.000 m stürzen die Bergflanken steil in das U-förmige Trogtal, ein typisches Gletschertal (☞ Land und Leute, Geologie).

Auf dem Grat wandert man weiter hinunter. Mehrere Schafspfade kreuzen den Weg. Nach ¼ Std. wird der Abstieg zum See **Skykkjedalsvatnet** (834 m) steiler. Früher befand sich die Sommerbrücke direkt am westlichen Ende des Sees. Zwei Holzbalken mit einem Seil als Geländer überspannen den Seeausfluß nun etwas weiter stromabwärts. Kurz danach zweigt ein Weg zur verlassenen Farm Loken am Talende ab. Die folgende Strecke geradeaus durch den Talgrund erweist sich als ziemlich sumpfig. Hier im geschützten Tal hat sich ein richtiges Feuchtbiotop mit üppigem Pflanzenwuchs entwickelt.

Auch der zu Beginn steile Aufstieg in Richtung Liseth am Fluß **Helvtaråi** entlang, wo die Route ins Simadalen verlassen wird, ist eine sehr morastige Angelegenheit. Nirgends bietet sich ein trockenes Plätzchen zum Zelten an. Auch wo es auf 1.040 m Höhe wieder flacher wird, bereitet die Zeltplatzsuche deswegen Schwierigkeiten.

Der höchste Punkt (1.200 m) zwischen den Anhöhen **Store Ishaug** (1.485 m) und **Vesle Ishaug** wird nach 1¾ Std. erreicht. Nun geht es nur noch hinab. Statt wie auf den Karten eingezeichnet, führt der Pfad direkt an den **Hütten von Smytte** (960 m) vorbei. Die vielen Schafe hier zertrampeln den Pfad und lassen ihn bei Regen zur Schlammschlacht werden.

Hinter Smytte wartet noch einmal ein Sumpfgebiet, in dem man teilweise bis über die Fußknöchel einsackt. Schließlich beginnt der letzte steile Abstieg bei der Weggabelung Liseth/Fossli an der Baumgrenze.

Die direkte Route wendet sich nach Osten, während die Route zum Vøringsfossen rechter Hand zwischen den Bäumen verschwindet. Sie verläuft im steilen Zickzack durch den immer dichter werdenden Wald orogenetisch links vom Fluß Tysviko. Der Pfad endet am Hotel Fossli direkt gegenüber dem **Vøringsfossen** (724 m). In der Siedlung...

Fossli

Hardanger Fjord AS, Postboks 66, 5601 Norheimsund, ☎ 56553870, FAX 56553871, ✉ <info@hardangerfjord.com> 🖳 <www.hardangerfjord.com>

Der Wasserfall Vøringsfoss

- Fossli Hotel, 5786 Fossli, ☎ 53665777, FAX 53665570,
  Mitte Mai - 15.09., 18 Zimmer, NOK 400 - 520/Pers.
- DNT Liseth Pensjonat og Hyttetun, 5785 Vøringsfoss, ☎ 53665714,
  FAX 5366-5794, 1.2. - 30.10., 75 Betten, 10 Hütten (ganzjährig zu mieten), DNT-Preise/Pers., NOK 300 - 800/Hütte, NOK 10, Abendessen NOK 80 - 175, NOK 20,
- × Vøringsfoss Cafeteria, Mai - September.
- Kleiner Laden mit horrenden Preisen bei Garen Camping, 3 km entlang der Bundesstr. 7 in Richtung Geilo, ansonsten unten in Eidfjord.
- ☺ Trollzug, Eisenbahn auf Rädern auf der alten Paßstraße durch das Måbødalen nach Eidfjord, Anfang Juni - Ende August jede Std. von der Vøringsfoss Cafeteria bzw. vom Gehöft Måbø Gård, NOK 45/Pers. einfache Strecke.
- Hardanger Sunnhordlanske Dampskipsselskap (HSD), Inndalsveien 22, 5063 Bergen, ☎ 55596400, FAX 55596401, <post@hsd.no> <www.hsd.no>
  Odda - Eidfjord - Fossli- Geilo, 19.06. - 16.08. zwei- bis dreimal + 17.8. - 30.9. einmal tägl., Eidfjord - Geilo NOK 120.

Von der Plattform beim Hotel genießt man die beste Aussicht ins schluchtartige **Måbødalen** und auf den **Vøringsfossen**, der sich 182 m in die Tiefe stürzt.

Leider hat er einiges von seiner einstigen Schönheit eingebüßt, seitdem der Fluß Bjoreio in seinem Oberlauf für die Energiegewinnung reguliert worden ist. Zwar muß das Sima-Kraftwerk im Sommer auf ca. 10% der Wassermengen verzichten, um für die Touristen das Wasser schön rauschen zu lassen, dennoch besaß der immer noch beeindruckende Wasserfall früher mehr als das Zehnfache an Kraft. Ein Wanderweg führt auch von unten direkt an ihn heran (☞ Abstecher zum Vøringsfossen).

Vom Hotel Fossli folgt man zuerst der Zufahrtsstraße. Dann die Straße in Richtung Isdalsvatnet hochwandern, bis diese die direkte Route nach Liseth kreuzt.

Hier wendet man sich nach rechts auf eine Schotterstraße. Nicht weit entfernt, und linker Hand etwas versteckt im Gebüsch steht ein großer Steinmann mit T-Markierungen.

Man verläßt die Straße. Ein Trampelpfad führt hinter dem roten Holzhaus entlang und biegt zum Fluß Isdølo ab, dessen Arme über mehrere kleine Brücken **H** gequert werden. Oben am Hang sieht man dann schon das gelbe Haupthaus vom **Liseth Pensjonat** (750 m) im **Sysendalen** liegen.

Abstecher zum Vøringsfossen ⇔ 2 Std.

Man wandert vom Parkplatz bei der Vøringsfoss Cafeteria an der Bundesstraße 7 die alte Paßstraße, die für motorisierten Verkehr (außer dem auffällig rotblauen Trollzug) gesperrt ist, ins Måbødalen hinunter. Die Straße verläuft in rasanten Serpentinen und durch kleine, dunkle Felstunnel mehr oder weniger parallel zur Bundesstraße.

Bei der untersten Kurve, die gerade noch von oben zu sehen ist, zweigt ein Pfad auf der südlichen Talseite zum Fluß Bjoreio ab. Ein Schild "Vøringsfoss" weist darauf hin. Zuerst führt dieser restaurierte Weg von 1872 steil durch ein Birkenwäldchen hinunter. Dann wandert man parallel zum immer stärker donnernden Fluß. Unterwegs sind mehrere Felsstürze zu queren. Der Weg windet sich durch die riesigen Felstrümmer hindurch.

Dann erreicht man die Hängebrücke, von wo aus der Wasserfall bereits zu sehen ist. Man wechselt auf die andere Seite hinüber. Noch einmal ist ein Hangsturz zu queren, der wegen des aufwirbelnden Wassers stark mit Moosen überwachsen ist. Schließlich ragt der Vøringsfossen unmittelbar im Felstrichter vor einem auf.

Viel Geld steckt in der Erschließung der Sommerbrücken

Die Demmevatn-Katastrophen

Nördlich der Gletscherzunge Rembesdalsskåki liegen die Seen øvre, midtre und nedre Demmevatn. Der letzte, ein sogenannter Gletscherstausee, wird durch die Eismassen der Gletscherzunge aufgestaut. Sobald die Wassertiefe des Sees aber neun Zehntel der Eisdicke erreicht, wird der Gletscher durch den Wasserdruck angehoben, wobei sich der See rapide entleert. Eine Flutwelle wird ausgelöst. Diese Gletscherläufe traten früher recht häufig auf und verursachten auf ihrem Weg hinunter durch den Rembesdalsvatnet ins Simadalen einige Katastrophen. Die verheerendste - mit mehreren Toten - ereignete sich im August 1893. Das gesamte Simadalen war damals unter riesigen Eisblöcken, ausgerissenen Bäumen und Geröllblöcken begraben. Um dem ein Ende zu machen, wurde ein 365 m langer Tunnel gegraben, um das Wasser abzuleiten. Jedoch verursachte ein außergewöhnliches Abschmelzen des Gletschers 1937 noch einmal eine Verwüstung des Tales, glücklicherweise ohne Tote. Der See leerte sich innerhalb von 3½ Std.. Ein neuer Tunnel wurde ausgehoben, 50 m unter dem alten und nur 10 m über dem Boden des Sees. Simadalen war nun endlich sicher vor den Gletscherläufen.

Etappe 3: Liseth - Hedlo

⊃ 16,5 km **I** Nord → Süd 6 Std. **I** Süd → Nord 5½ Std. **I** ↑ 680 m ↓ 440 m
Variante: nach Hedlo über das Fljotdalsfjellet

Auf dieser Etappe läßt man den Hardangerjøkulen endgültig hinter sich und stößt in das Herz der Hardangervidda vor. Vom **Liseth Pensjonat** wandert man die Zufahrt zur Bundesstraße 7 hinunter. Dort befindet sich auch die Bushaltestelle. Leider muß man nun ein kurzes Stück entlang der stark befahrenen Bundesstraße 7 in Richtung Geilo laufen.

Bereits nach 5 Min. beginnt rechter Hand die Route nach Viveli und Hedlo.

Der Weg führt links an ein paar Gebäuden vorbei und fällt sehr steil über stark bemooste Felsplatten zur Brücke **H** über den **Fluß Bjoreio** ab. Bei Nässe gestaltet sich der Abstieg über die sehr rutschigen Felsplatten äußerst schwierig.

Das gleiche gilt kurze Zeit später für den steilen Anstieg nach Süden auf der anderen Seite des Flusses.

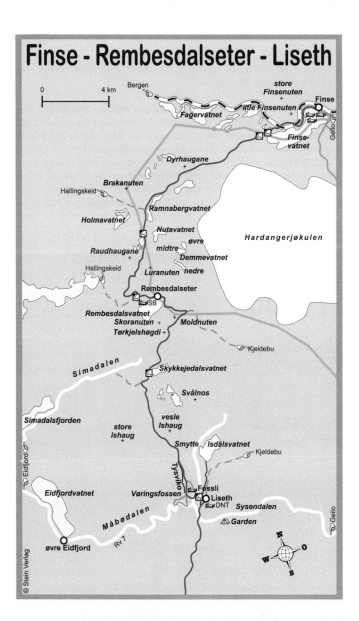

🏠 Von der Brücke aus ergibt sich ein schöner Blick auf die donnernden Kaskaden des Wasserfalls **Fetafossen**.

Nach ¾ Std. wird der Anstieg unterhalb der Anhöhe **Høloksli** (1.173 m) wesentlich flacher. Rückwärtig eröffnet sich ein herrliches Panorama über das Sysendalen und den großen Stausee Sysenvatnet, an klaren Tagen sogar bis zum Hardangerjøkulen und dem im Osten anschließende Bjoreidalen.

Bei den Hütten von Skissete werden beide Arme des von Høloksli kommenden Baches gequert. Dann kurz auf dessen orogenetisch rechten Seite hoch, bis ein roter Pfeil in die zu folgende Richtung nach Süden weist.

Weiter geht es auf der östlichen Bergflanke des **Hallingehaugane** (1.300 m). Zu Füßen liegen die Moore des Hochtales Hadlamyrane, durch die sich der Fluß Berdølo windet.

Nach 1¾ Std. wird der **höchste Punkt** (1.185 m) mit der Abzweigung zum unten im Tal liegenden Fagerli erreicht. Man läßt sie links liegen und wandert geradeaus angenehm bergab. Das Tal verengt sich, bis der Fluß in einem Canyon verschwindet. Plötzlich wird es wieder breiter, und die Siedlung **Berastølen** (910 m) mit schönen alten Stein- und Holzhäusern liegt vor einem. Dahinter führt eine Brücke **S** über den Berdølo, wo sich der Weg gabelt.

Die Route nach **Hedlo über Viveli** setzt sich nach Westen entlang des Flusses durch ein großes Sumpfgebiet fort.

Variante nach Hedlo über das Fljotdalsfjellet ⇨ 2 Std.

Sie lohnt sich nur bei gutem Wetter mit wenig Wind (ausgeschildert Hadlaskard). Zwar ist ein zusätzlicher kräftiger Anstieg von 300 m zur Westseite des Fljotdalsfjellet (1.301 m) zu bewältigen, dafür entschädigt ein grandioser Blick über das südliche Veigdalen, Valursdalen mit dem Wasserfall Valurfossen und das tiefe Hjølmodalen bis nach Eidfjord am Hardangerfjord. Während des Abstiegs ins

Furten, ein eiskaltes Vergnügen

Blick auf den Hårteigen aus der Ferne

Fljotdal stößt bei einer Brücke **S** eine Route vom Hjølmodalen dazu. Im Tal trifft die Variante bei einer weiteren Brücke **S** über den Fljoto wieder auf den Weg über Viveli nach Hedlo.

Bald steigt der Weg wieder durch einen Wald an und passiert bei der alten **Alm Sjupsgilasete** eine eigentümliche Kluft. Hier auf die Markierungen achten!

Mehrere Pfade kreuzen. Bei der großen **Weggabelung** mit der Route ins Hjølmodalen am Fuße des Såtefjellet wendet man sich bergaufwärts nach Süden. Kurz danach zweigt ein weiterer Weg über das Fljotdalsfjellet ab. Schon sieht man Viveli vor sich liegen. Ein sehr schlammiges Stück führt zum Fluß Veig hinunter. Gelegentlich helfen Holzplanken über die schlimmsten Teile.

Auf der anderen Flußseite liegt nun nach 1½ Std. ab Berastølen Viveli. Am Anfang eines kleinen Canyons mit einem kleinen Wasserfall zweigt der Weg über eine Brücke **S** nach Viveli (877 m) ab.

- Viveli Fjellstova, ☎ 53665968, 🛏 17.6. - 1.10. + Osterferien, 60 Betten, außer 1.7. - 26.8. und Ostern nur eingeschränkte Versorgung, zumindest Proviant erhältlich.
♦ Viveli Turiststasjon, 🛏 1.7. - 28.9. + Osterferien, 8 Betten, ☎ 53665967 (außerhalb der Saison ☎ 5366-5277).

Hier beginnt der **Hardangervidda-Nationalpark**. Gerade das Veigdalen ist reich an Pflanzen und Vögeln. Die Route nach Hedlo läuft geradeaus weiter über die Felsen orogenetisch rechts vom Strom Veig entlang bis zum Fluß **Fljoto**, wo man dem Veig den Rücken zukehrt und den herrlichen Wasserkaskaden des Fljoto hoch ins **Fljotdal** folgt. Bei der Brücke **S** über letzteren kommt die **Variante über das Fljotdalsfjellet** wieder dazu.

Hier wendet man sich wieder in südliche Richtung durch eine Öffnung zwischen dem Kjeseshovden (1.067 m) und den steilen Felswänden Hedlehamrane.

Die gelben Gebäude von Hedlo sind bereits in Sicht. Nur noch zum Fluß Veig über große Steine hinunter, und hinter einer markanten, riesigen überhängenden Felsplatte, die **Hedlo** (945 m) ihren Namen gab, steht man vor der schönen Holzhütte.

- Hedlo Turisthytta ☎ 94576822 (außerhalb der Saison ☎ 67542695 oder 53665906), 🛏 3.7. - 3.9., 50 Betten, NOK 200/Nacht, NOK 400 mit Abendessen und Frühstück.

Etappe 4: Hedlo - Torehytten

➲ 17 km ▌ Nord → Süd 6 - 6½ Std. ▌ Süd → Nord 5½ Std. ▌ ↑ 680 m ↓ 440 m
Varianten: 1. über das Grønodalen; 2. direkt zum Hårteigen.

Auch die 4. Etappe hält einen in Atem. Eiskaltes Vergnügen bereiten zwei große Furten. Zum anderen rückt endlich das Wahrzeichen der Hardangervidda ins Blickfeld, der markante Berg Hårteigen.

Hinter der **Hedlo-Hütte** zweigt einmal eine Route ins Bjoreidalen den steilen Berghang hinauf ab, während man weiter südwärts über die Felsen am Veig entlang in Richtung Hadlaskard wandert.

Kurz danach führt eine Abzweigung zur Stavali-Hütte nach Westen über eine Brücke **S**. Die heutige Etappe folgt aber zunächst der Biegung des Flusses und entfernt sich dann ein wenig vom Fluß, um das Sumpfgebiet **Rjotomyrane** zu umgehen. Über den Fluß Rjoto hilft wieder eine kleine Holzbrücke **H**. Gleich hinter den Hütten von **Rjotoseter** beginnt der Anstieg zum Paß beim **Hadlaskardhalsen** (1.133 m). Wieder passiert man eine Abzweigung, diesmal zur Sandhaug-Hütte im Osten. Es geht in kleinen Stufen hoch. Oben umrundet man westlich einen kleinen See und steigt wieder zum **Veig** ab.

Hadlaskard-Hütte

Die ebene Strecke bis zur nahen **Hadlaskard-Hütte** (1.000 m) ist schnell geschafft. In der Ferne ragt die Bergkette um den Hårteigen auf, der bei klarem Wetter von der gemütlichen Hütte am Horizont zum ersten Mal zu sehen ist.

↳SB Hadlaskard, gehört dem Bergen Turlag Wanderverein, ☏ 5532-2230, ⌂ außer 1.5. - 20.6., 32 Betten.

In **Hadlaskard** treffen etliche Routen zusammen. Von der Hütte orientiert sich die zum Bjoreidalen nach Nordosten, die nach Sandhaug und Besså nach Südosten. Hinter der Hängebrücke **S** über den Veig geht es nach Stavali in nordwestlicher Richtung, während die Routen über den Hårteigen südwestwärts laufen.

Sommerbrücke bei Hadlaskard

Variante über das Grønodalen ⇨ 6½ Std.

Bei schlechtem Wetter empfiehlt sich der einfachere Weg nach Litlos in südlicher Richtung. Dadurch kann sich die Tour um 1 Tag verkürzen. Sie verläuft immer relativ geschützt durch die Täler entlang verschiedener großer Flüsse, so daß selbst bei ungünstigen Sichtverhältnissen die Orientierung leichter fällt. Zuerst dem Fluß Veig auf dem Westufer folgen, bis der Weg vom Fluß weg ansteigt und eine kleine Anhöhe überquert. Auf der anderen Seite in Åramot kommt man ins Grønodalen.

1997 wurde hier die Route geändert. In den Hütten hängen Anschläge mit der neuen Route. Anstatt den öfters gefährlichen Fluß Grøno zu furten, bleibt die neue Strecke auf dem Westufer. Unterwegs sind etliche kleinere Bäche zu queren, die von den Hängen hinuntersprudeln. Gegenüber der Bergkuppe Brakanuten auf der anderen Flußseite (1.376 m) entfernt man sich etwas vom Fluß, um einen See (1.248 m) westlich zu passieren. Bei den Gewässern von Grønekoken hilft eine Sommerbrücke hinüber. Die weite Hochebene ist mit viele kleine Seen überstreut.

Schließlich steht man an einer Weggabelung. Nach Osten liegt Sandhaug (☞ Tour 2). Man wendet sich jedoch nach Südwesten, wandert zwischen den Erhebungen Holken (1.420 m) und Småholkane (1.412 m) hindurch und hinunter nach Litlos (1.180 m) am Litlosvatnet.

In Richtung Hårteigen wandert man zuerst südwestwärts durch ein Sumpfgebiet auf die Hänge des **Skinfjellet** (1.228 m) zu. Zum Teil ist das Wasser sehr tief und muß umgangen werden.

Dann biegt der Pfad rechter Hand durch kniehohe Zwergsträucher (☞ Land, und Leute, Flora) hinauf in das kleine **Kyrkjesteinsdalen** ab und kreuzt dabei den Bach Kyrkjesteinsbekken dreimal. Am Talende steigt man wieder nach Südwesten hinaus und gelangt zu den Seter-Hütten von Viersdalen beim Fluß **Viersdølo**, der durchwatet werden muß. Hinter der Furt gabelt sich der Weg.

Variante direkt zum Hårteigen ⇨ 1¾ Std.

Ein Tag kann eingespart werden, wenn die Strecke nach Süden über die Erhebung Falkabrotet genommen wird. Anschließend erfolgt ein steiler Anstieg über Geröll durch das Smøygsdal. Bei heftigen Winden kann dies sehr unangenehm sein, da durch die enge Schlucht die Kraft des Windes vielfach verstärkt wird und einen umzuwerfen droht. Auf der Ostseite des Hårteigen trifft man auf die von Torehytten kommende Route nach Litlos (☞ Etappe 5).

Schlammige Sumpflöcher: ein Vergnügen besonderer Art

✋ Werden die Varianten gewählt, wird die Etappe 4 insgesamt sehr lang. Es empfiehlt sich eine Übernachtung in Hadlaskard. In der Nähe des Hårteigen ist ein geeigneter Zeltplatz nur schwer zu finden.

Der Weg nach Torehytten orientiert sich nach Westen. Hinter einem Hügel muß man durch den nächsten Sumpf bis zur zweiten Furt durch den Fluß **Sandhaugo** stapfen. Die Furt ist breit, aber nicht tief. Weiter führt der Weg bis zum Talende, wo der Sandhaugo donnernd aus einer Schlucht stürzt. Man steigt westlich der Schlucht steil aus dem Tal heraus zum **Nedre Solvatnet** (1.268 m). Die Felshänge des **Solnuten** (1.462 m) fallen schroff zum Westufer des Sees ab. Diese muß man weiter steil hochsteigen bis auf ein kleines Felsplateau.

Dort wendet man sich nach Süden über einen Bach. Das letzte Stück hoch ist mit ein bißchen Kletterei verbunden.

✋ Bei Kälte sind die Felsen eventuell vereist.

Torehytten

Hinter einem kleinen Teich liegt dann bereits **Torehytten** (1.340 m) zu Füßen. Ein angenehmer Pfad führt zur Hütte oberhalb des Sees **øvre Solvatnet** (1.322 m) hinunter (📷 S.105).

🛏SB DNT-Hütte Torehytten, 🗓 10.6. - 15.10. + 1.3. - 31.4., 24 Betten.

📷 Von **Torehytten** hat man einen herrlichen Blick über den See auf den hutförmigen Hårteigen. Westlich der Hütte sieht man besonders eindrucksvoll, welche Kräfte bei der Gebirgsbildung entfesselt wurden. Wie Riesenschuppen sind Gesteinspakete auf den Hang aufgeschoben. Unten liegende Schichten wurden dabei etwas zerquetscht, während die oberen stufig abrutschten.

Etappe 5: Torehytten - Litlos

➲ 16 km ❙ Nord → Süd 5½ Std. ❙ Süd → Nord 6 Std. ❙ ↑ 310 m ↓ 480 m
Gipfelbesteigung: Hårteigen

Die 5. Etappe hat den Hårteigen zum Mittelpunkt, erhebt sich doch die markante hutförmige Silhouette über sämtliche umliegenden Berge. Fast die ganze Strecke über ist sie zu sehen.

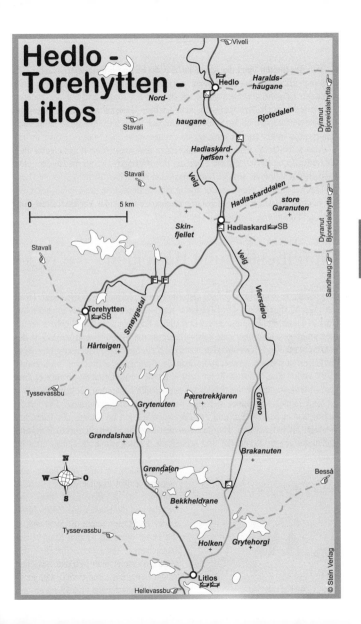

Von **Torehytten** führt die Route zur Stavali-Hütte nordwestwärts, nach Litlos folgt man aber zunächst dem Seeufer nach Nordosten bis zum Seeabfluß in einer Schlucht. Es geht steil ein paar Meter über Felsen runter und auf der anderen Seite wieder hoch, bei Vereisung kein leichtes Unternehmen. Eine natürliche Steinbrücke überspannt den Seeabfluß. Ein paar Meter weiter läuft die Route nach Tyssevassbu weiter am See entlang.

Man selber kehrt dem See den Rücken zu und wandert sanft ansteigend über die weite Fläche **Hårteigsfljåane** direkt auf den **Hårteigen** (1.690 m) zu, der gerne auch als das Wahrzeichen der Hardangervidda bezeichnet wird.

Das letzte Stück steigt wieder kräftig zur Nordostflanke des Gipfels hoch, wo der höchste Punkt (1.510 m) bei der Wegkreuzung mit der **Variante direkt zum Hårteigen** (Richtung Hadlaskard) erreicht wird.

Gipfelbesteigung Hårteigen ⇔ 1½ Std.

Eine markierte Route führt auf der Ostseite zum Gipfel hinauf. Zuerst klettert man über Geröll durch eine steile Felsrinne hoch, die oft mit Schnee aufgefüllt ist. Nach oben zu wird es immer enger und steiler. Kurz vor dem Gipfel geht es rechts (von unten gesehen) über eine Felspassage, die mit Seilen abgesichert ist. Ist der Schnee in der Rinne hart und glatt, kann die Kletterpartie sehr schwierig sein. Sind die Felsen zusätzlich vereist, sollte man die Besteigung abbrechen. Im Sommer 1997 verlor eine Holländerin ihr Leben, als sie vom Hårteigen abstürzte. Eine große Steinpyramide kennzeichnet auf dem Gipfelplateau den höchsten Punkt.

Vom Gipfel aus öffnet sich ein herrliches Rundumpanorama: Der große Gebirgskamm Sandfloeggi und der Gletscher Solfonn im Süden, der Gletscher Tresfonn im Nordwesten, Hardangerjøkulen und die schneebedeckte Bergkette Hallingskarvet im Nordosten und schließlich der höchste Berg Gausta weit im Südosten.

Aufstieg zum Hårteigen

Aber auch am Fuße des Gipfels wird man mit einem faszinierenden Ausblick belohnt. Im Norden sieht man das Veigdal und die Hadlaskard-Hütte. Nach Süden und Osten reicht die Sicht weit in die Ferne über die runden Kuppen der Hochebene. Von der Ostseite des Hårteigen steigt man langsam zwischen einem kleinen See und dem östlich gelegenen **Hårteigshæane** (1.549 m) ab und orientiert sich leicht nach Südosten. Zwei Bäche werden gequert. Wieder geht es zu einem kleinen See, östlich des **Sandvatnet** (1.368 m) hinunter und dann durch einen Durchlaß der Kuppe **Grytenuten** (1.515 m). Die Landschaft ist hier noch sehr karg. Nur Moose und Flechten bedecken die Felsen.

Der **Grytevatnet** (1.391 m) und nach dem anschließenden Abstieg ins Grøndalen die Seenplatte der **Grøndalsvatni** werden westlich passiert. Unterwegs sind mehrere Flüsse zu queren. Das Wort *grøn* (grün) läßt erahnen, daß die Vegetation hier schon wieder etwas üppiger wird. Noch einmal erfolgt ein kurzer Anstieg entlang der Kuppe **Bekkheldrane** (1.451 m). Unten in der Tiefe liegt der Krokavatnet (1.233 m).

Von hier kann man noch einen letzen Blick auf den Hårteigen genießen, bevor es entspannt auf einem guten Pfad zur braunen **Litlos-Hütte** (1.180 m) hinunter geht, die bereits am riesigen **Litlosvatnet** (1.172 m) zu sehen ist. 200 m vor der Hütte warnt ein Schild, daß ab hier für das Zelten bezahlt werden muß. Wasserflugzeuge landen regelmäßig auf dem See, um Lebensmittel, Wanderer und auch Post zu transportieren.

⇌ DNT-Hütte Litlos, ☎ 94531242, 🛏 30.6. - 17.9. + in den Osterferien, 52 Betten, ✿

⇌SB Litlos 🛏 1.3. - 1.5., 8 Betten.

Blick über die Hochebene beim Hårteigen

Etappe 6: Litlos - Hellevassbu

➲ 15 km ❙ Nord ➔ Süd 5½ Std. ❙ Süd ➔ Nord 5½ Std. ❙ ↑ 400 m ↓ 390 m

Die 6. Etappe steht im Zeichen der alten Legenden, verläuft sie doch anfangs über den Hardingslepa (☞ Land und Leute, Geschichte), einen alten Handelsweg über die Hardangervidda.

Litlos ist Knotenpunkt einiger Routen, nach Nordosten Sandhaug, Besså (☞ Tour 2) und Hadlaskard (☞ Etappe 4, Variante über das Grønodalen).

Der Hardingslepa kommt von der Route nach Tyssevassbu aus dem Nordwesten. Er führt von **Litlos** nach Westen zum **Litlosvatnet** hinunter, wo hinter der Brücke **S** über den in den See einmündenden Fluß Litloselva eine Variante nach Middalsbu den Berghang gerade hochsteigt (☞ Tour 2).
Hardingslepa und die Route nach Hellevassbu dagegen verbleiben auf dem Westufer des Sees flach entlang der schroff aufragenden Bergflanke des **Ramneberget** (1.356 m) bis zum Fluß Fotkjølo.
Etwas weiter oben am Fluß führt an einer engen Stelle eine Brücke **S** hinüber. Laut schäumend rauschen die Wasserfluten zum Litlosvatnet, an den sich der viel größere Kvennsjøen (1.167 m) und das ausgedehnte Tal Kvennedalen anschließen.
Man wandert weiter hoch zum Paß zwischen den Kuppen **Veslekoll** (1.542 m) und **Prestkono** (1.364 m). Dort zweigt die Route nach Middalen südwestwärts ab. Ein unmarkierter Pfad führt zum Prestkono hinauf.
An dessen Hang entlang hinunter erreicht man auf einer Landzunge zwischen den Seen des Flusses Kvenno (auch Kvenna, 1.189 m) die nächste Brücke **S**. Nach Westen ragen die Felswände steil in dem engen Tal auf, während im Osten das breite Kvennedalen liegt.
Teils über grobe Steine zieht sich der Weg am Fuße der Spitze **Kvennenutane** (1.482 m) hin.

Kurz hinter den Jagdhütten von **Søre Belebotn** hilft wieder eine Brücke **S** über einen Fluß, den **Vesla Kvenno**. Hier soll im 16. Jh. eine gemeine Räuberbande gehaust haben (☞ Räuber und Banditen auf der Hardangervidda). Jetzt lassen sich hier nur noch schöne Zeltplätze finden.

Rote T-Zeichen markieren den Weg

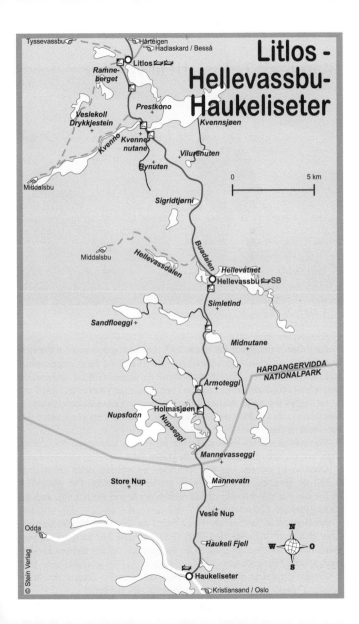

Gletscherzunge des Hardangerjøkulen (Seite 72)

Kurz danach trennt sich bei einem Teich der Hardingslepa von der Wanderroute, allerdings für das Auge unsichtbar. Nur die Karte, auf der er eingezeichnet ist, liefert einen Hinweis. Von hier aus soll man die Räuberhöhle in östlicher Richtung sehen können, ein kleines Loch am Hang des Berges **Vilurenuten** (1.409 m).

Es beginnt ein steiler Anstieg nach Süden entlang eines kleinen Baches. Je höher man kommt, desto mehr Geröll behindert einen. Weiter oben bilden sich zwei kleine Trichter.

Man hält sich linker Hand und steigt weiter zum Vilurenuten auf. Zurück ergibt sich ein schöner Ausblick über die großen Seen.

Oben windet sich ein guter Pfad nach Südosten zwischen vielen kleinen Seen (1.390 m) hindurch. Hier liegen noch etliche Schneefelder. Die grüngelben Moose und Flechten leuchten eigentümlich in der Sonne. Nach 3 Std. wird der höchste Punkt (1.420 m) erreicht.

Am Horizont im Norden taucht noch einmal die Silhouette des Hårteigen auf, bevor es hinunter zum See **Sigridtjørni** (1.312 m) geht. Der zu querende Seeabfluß verschwindet ostwärts im Bjørnadalen. Auf der anderen Seeseite ragen schroffe Felswände auf.

Zusammengefaltete Bänder durchziehen das Gestein, Zeugen der Kraftentfaltung bei der kaledonischen Gebirgsbildung (☞ Geologie).

Ein riesiges Altschneefeld reicht tief in den See hinein. Daneben rauscht ein Wasserfall. Der letzte Anstieg des Tages liegt voraus. Weiter oben bilden sich im Geröll zwei Einschnitte mit viel Schnee. Man orientiert sich links und steht bald auf der Paßhöhe. Zwar ist der Abstieg durch das **Buadalen** nicht steil, aber das Tal ist übersät mit großen Felsbrocken, die immer wieder den Pfad blockieren.

⇐SB Die dunkle Hütte von **Hellevassbu** direkt am øvre **Hellevatnet** (1.167 m) ist bereits in Sicht. 1 km davor zweigt wieder eine Route nach Middalsbu ab. Mehrere Jagdhütten formieren sich zur kleinen Siedlung Hellevassbu.
- ♦ DNT-Hütte Hellevassbu, 10.06. - 15.10. + 01.03. - 31.04., 26 Betten.

Etappe 7: Hellevassbu - Haukeliseter

↻ 21 km ❙ Nord → Süd 7 - 8 Std. ❙ Süd → Nord 8½ - 9 Std. ❙ ↑ 490 m ↓ 730 m

Die letzte Etappe verdeutlicht zum Schluß noch einmal den topografischen Unterschied der Hardangervidda, streift sie doch die im Westen liegenden

Regenbogen zwischen Liseth und Viveli (Etappe 3)

höchsten Berge des Nationalparks, während nach Osten die Berge eher sanfte Kuppen formen.

Von der **Hellevassbu-Hütte** folgt der Weg dem Seeufer in südöstlicher Richtung bis zur Hängebrücke **S** zwischen dem oberen und unteren Hellevatnet.

Dann wendet man sich nach Süden knappe 100 m hoch zum Paß **Sudskardet** zwischen dem **Simletind** (1.511 m) und der Kuppe **Ostanuten** (1.333 m).

Gleich am Anfang des kleinen Hochtales erweitert sich der Fluß Børda zu einer Reihe kleiner Seen. Er kommt von Westen aus einem engen Seitental, das den Blick auf den höchsten Berg des Nationalparks, den 1.719 m hohen Gebirgskamm **Sandfloeggi** freigibt. Bedeckt mit zahlreichen vergletscherten Altschneefeldern ist er ein beeindruckender Anblick.

Der Weg führt weiter flach entlang des Børda, der vor dem See **Simletindvatnet** (1.237 m) über eine Hängebrücke **S** gequert wird. Abseits vom Pfad wachsen vereinzelt Moltebeeren (☞ Land und Leute, Flora).

Vorbei am See hinter einer kleinen Anhöhe (1.376 m) beginnt der Anstieg zum rechter Hand liegenden Gebirgskamm **Årmoteggi** (1.468 m) über große Moränen. Auf dem schwarzglänzenden Felsrücken verteilen sich große Altschneefelder. Auch der größte Teil des Anstiegs vollzieht sich über ein sehr steiles, großes Altschneefeld.

Räuber und Banditen auf der Hardangervidda

Kaufleute, Hausierer und Viehhändler reisten auf den alten Wegen zwischen Hardanger und Numedal-Telemark. Leute von Hardanger handelten mit Pferden, Kühen, Talg und anderen landwirtschaftlichen Produkten auf den Märkten im Osten. Zurück brachten sie Tabak, Kupferkessel und andere feine Sachen. Dies lockte natürlich auch vielerlei Gesindel an. Um 1650 wurde ein Mann im Hardangergebiet ermordet. Seine Mörder, die Velurbande, flüchteten in die Berge der Hochebene und quartierten sich in eine Höhle bei Belebotn, nicht weit vom Hardingslepa und dicht bei der heutigen markierten Route, ein. Sie lebten hier während des Sommers jagend und fischend und plünderten außerdem die vorbeikommenden Reisenden. Die Bande entwickelte sich zu einem großen Ärgernis. Aus Verzweiflung sahen die braven Leute sich gezwungen, dem Verbrecher Knut Freim aus Odda Straffreiheit zu gewähren, wenn er die Räuber unschädlich machen könnte. Es gelang ihm, Wasser in ihre Waffen zu schütten, als sie unbewacht vor der Höhle lagen. Dann legte er sich auf die Lauer und erschoß alle Räuber außer einem jungen Mädchen. Nach einem wilden Kampf konnte er sie überwältigen und nahm sie mit. Später heirateten sie sogar.

> Meist ist dieser Schnee bretthart und bietet keinen Halt. Tritte lassen sich mit den Schuhen kaum hineinschlagen. Absturzgefahr!

Vom kleinen Paß sieht man am Horizont im Westen den nächsten markanten Gebirgskamm, die dunklen und drohend aufragenden Felswände des **Nupseggi** (1.674 m). Auf dessen höchsten Erhebungen thront der nur relativ kleine Gletscher Nupsfonn.

Das folgende kleine Tal mit dem Bach Sandflobekken ist schnell gequert **S**, wo dieser aus einem Teich kommend in Kaskaden hinunter rauscht. Dann ergibt sich ein herrlicher Ausblick über die gesamte Länge des Nupseggi und den breiten **Holmasjøen** (1.264 m), bevor man zu dessen Ostufer hinunter steigt. Der Seeabfluß zwängt sich unten tosend durch einen kleinen Canyon. Eine Brücke führt hinüber **S**. Zurück im Norden stürzt der Wasserfall Sandflofossen tief in einen Felskessel.

Fast wie Schären wirken die vielen kleinen Inseln des Holmasjøen. Unterwegs fällt eine kleine Metallplatte auf. Sie erinnert an den Jäger Kåre Bjørndalen, der auf dem Heimweg von der Rentierjagd am Hellevatnet hier am 21.9.1955 sein Leben ließ. Gerade 34 Jahre alt wurde er.

Am Südende des Sees befindet sich direkt am Fuße der schroffen Felswände des Nuppseggi ein schmaler Durchlaß hinunter zum Westufer des **Mannevatn** (1.242 m). Dabei wird die Grenze des Hardangervidda-Nationalparks überschritten. Der Weg verläuft mühselig über grobe Steine, die allerdings nützlich bei der Bachquerung sind. Auch entlang des Sees hüpft man mehr von Stein zu Stein, als daß man geht. In der Umgebung des Sees gibt es mehrere Gruben, die als Tierfallen benutzt wurden.

Rechter Hand ragt die Spitze **Mannevasstoppen** (1.572 m) auf. Dahinter biegt nach Südwesten ein alter, mit Steinmännern markierter Weg zur Bundesstraße E 76 ab, der 4 km westlich von Haukeliseter an der Straße endet. Er ist zwar ca. ½ Std. kürzer, aber dennoch ist Haukeliseter als Endziel vorzuziehen, das neben einer Dusche und einem Bett auch mit einem Restaurant und einer warmen Kaminstube aufwarten kann.

Vor einem liegt der letzte größere Anstieg der Tour, über einen Paß westlich des Gipfels **Vesle Nup** (1.510 m). Vorher ist noch ein Bach zu queren, der meistens ziemlich viel Wasser führt und gefurtet werden muß. In zwei angenehmen Stufen geht es bis zur Paßhöhe (1.355 m) hinauf, auf halber Höhe über ein Geröllfeld.

> Von der Paßhöhe bietet sich ein herrliches Panorama über das Haukelifjell hinunter zum Ståvatn an der E 76.

Dennoch benötigt man noch ca. 1½ Std. für den Abstieg. Das erste Stück fällt steil zum Haukelifjell ab.

Dann wandert man über mehrere Bäche im welligen Gelände westlich vorbei an den Seen **Løitsdokktjørn** (1.096 m) und **Store Venaretjørn** (1.125 m).

Vor letzterem kreuzt der Wanderweg den alten Handelsweg Ålmannvegen, der im Winter eine beliebte Skiroute ist. Schließlich wird die Bergkante nach Haukeliseter hinunter erreicht. In steilen Kurven windet sich der Weg bergabwärts. Das Wasser hat sich den tief ausgetrampelten Pfad zunutze gemacht und mißbraucht ihn als Bachbett.

Auf der anderen Straßenseite liegt endlich das Ziel der Tour, **Haukeliseter Fjellstue** (1.000 m). Aufgrund seiner günstigen Lage an der Hauptverbindungsstraße E 76 herrscht hier unpersönlicher Massenbetrieb. Hinter dem Berghotel befindet sich auf dem See ein Flugplatz für Wasserflugzeuge. Im Herbst zur Jagdsaison ist hier fast soviel Betrieb wie auf dem Frankfurter Flughafen. Im Minutentakt wird gelandet und gestartet. Rentier- und Schneehuhnjäger und ihre Beute werden von der und auf die Hardangervidda transportiert.

- DNT Haukeliseter Fjellstue, ☎ 35062777, FAX 35062778, ganzjährig außer Weihnachten, 110 Betten, gehört dem Gebirgswanderverein Stavanger Turistforening, Preise variieren zwischen NOK 130 - 420, Nicht-DNT-Mitglieder mindestens 25 % mehr, ✗
- SB Haukeli Fjellstue, DNT-Preise, keine Proviantvorräte.
- ☞ Reiseinfos von A - Z, Anreise, Bus.

Wir sind ein ordentlicher Verlag

und räumen ständig unser Lager auf, um Platz für Neuauflagen unserer ReiseHandbücher und OutdoorHandbücher zu schaffen. Wir bieten

Auslaufmodelle - Restbestände und leicht beschädigte Remittenden

teilweise für ein Viertel des ursprünglichen Preises an! Schnäppchenjäger sollten umgehend unsere aktuelle Liste verlangen (die übrigens auch auf unserer Homepage zu finden ist) und schnell bestellen - immer nur solange der Vorrat reicht.

Conrad Stein Verlag, In der Mühle, D 25821 Struckum, ☎ 04671/931314, FAX 04671 / 93 13 15, <outdoor@tng.de>   <http://outdoor.tng.de>

Tour 2:
Eine West-Ost-Querung

Von Tuva nach Geilo: Blick auf Hallingskarvet am Horizont

Diese Tour führt vom gebirgigeren Westteil in den wesentlich flacheren Ostteil, der deutlich den Charakter der Hardangervidda als Hochebene widerspiegelt. Spitzen und Gipfel werden zu niedrigen runden Kuppen, enge Täler zu weiten Ebenen und mächtige Gebirgskämme zu Hügeln. Statt schroffer Felswände beherrschen riesige Seen nun das Landschaftsbild.

Die Wandertour verläuft zwischen **Røldal** im Südwesten und **Geilo** im Nordosten einmal quer über die Hardangervidda und mitten durch den Nationalpark.

Zu Beginn sind noch einige größere Steigungen zu bewältigen. Doch schon bald bleibt die wilde Gebirgslandschaft hinter einem zurück. An ihre Stelle tritt eine nur leicht gewellte Moor- und Seenlandschaft. Insgesamt ist die Strecke einfacher zu gehen, dafür ziehen sich einige Etappen kilometermäßig ziemlich in die Länge.

In welche Richtung der einzelne laufen möchte, ist im wesentlichen Geschmacksache. Einige mögen vielleicht die schrofferen Gipfel des Westteils und einen Abstecher zu dem nahen Hardangerfjord als Abschluß vorziehen. Von beiden Seiten läßt sich aber der erste kräftige Aufstieg zur Hochebene nicht umgehen.

Doch von Røldal aus kann man zwischen zwei Varianten wählen: ein langer, steiler und mühseliger Anstieg über Stock und Stein oder die Abkürzung über eine gut zu gehende kleine Nebenstraße.

Die Gesamtstrecke von 127 km Länge ist unter normalen Bedingungen gut in sieben Tagesetappen zu schaffen. Im Hinblick auf Schlechtwettereinbrüche sollte ein bißchen Extrazeit mit einkalkuliert werden.

Røldal

- Røldal Turistinformasjon, 5760 Røldal, ☎ 53647259, nur Juni - August täglich 11:00 - 18:00.
- Odda Touristenbüro, PO Box 114, 5751 Odda, ☎ 53641297, FAX 5367-1040, ganzjährig, <post@hardanger-vekst.no>
- Magne Tvedt, ☎ 53647138.
- Røldal Gjestehus, 5760 Røldal, ☎ 5364-7158, 20.6. - 15.8., 40 Betten, keine Mahlzeiten.
- Hordatun Hotel, 4 km südwestlich von Røldal an der Riksvei 11 bzw. E 76, ☎ 5364-7176, FAX 5364-7271, preiswerte Übernachtungen.
- Røldal Skysstasjonen A/S und Røldalstunet, 5760 Røldal, ☎ 536-7385, FAX 53647293, <roldal@roldalstunet.no> <www.roldalstunet.no> ganzjährig, Hütte: NOK 400 - 750, NOK 120/△,

- ♦ Røldal Hyttegrend, 5760 Røldal, ☏ + FAX 53647133, 💻 <www.roldal-camping.no> 🗓 ganzjährig, Hütte: NOK 450/550, ⚠ NOK 120 🛖 ⛺ 🍴 🛒
- ♦ Røldal Turistcenter, 5760 Røldal, ☏ 53647622, FAX 53644165, ✉ <gulleik@online.no> 💻 <www.roldal.com> 🗓 ganzjährig, NOK 300 - 600/Hütte, NOK 80/⚠, 🛖 ⛺ 🍴
- ♦ Hagaminne Camping, 5760 Røldal, ☏ 53647251, 🗓 ganzjährig, NOK 80/⚠, ab NOK 250/Hütte, 🛖 ⛺ 🚿 ●
- ✕ Røldal Skysstasjon.
- ♦ Røldalstunet.
- 🚉 Røldal Skysstasjon.
- ♦ Røldal Turistcenter.
- ℋ Røldal Heimatmuseum, ☏ 53647116, täglich im Juli 🗓 14:00 - 18:00, sonst nach Absprache, Sammlung von Gebrauchsgegenständen, Kleidern und Taufkleidern.
- 🚌 ☞ Reise-Infos von A - Z, Anreise.
- ⛷ Røldal Skisenter, ☏ 53647274, 💻 <www.roldal.com>

Der Ort liegt eingekesselt zwischen hochaufragenden Berghängen am nördlichen Ende des Sees **Røldalsvatnet** (380 m). Die ältesten Anzeichen für eine Siedlung stammen bereits von einem Grabfeld aus der Eisenzeit. Zu Ruhm gelangte Røldal dank seiner Kirche erst ab dem Mittelalter.

⛪ Die hübsche Stabkirche vom Anfang des 13. Jh. war eine der zentralen Kirchen in Westnorwegen im Mittelalter. Das Kircheninnere wurde um 1600 im Renaissancestil ausgestattet. Aus dieser Zeit stammen noch der Altar und die Kanzel (1627). Doch bekannt wurde die Kirche aufgrund eines angeblich Wunder vollbringenden mittelalterlichen Kruzifixes (ca. 700 Jahre alt), dem heilende Wirkungen nachgesagt wurden.

Im Hochmittelalter lockte es die Leute scharenweise nach Røldal, das neben dem Nidarosdom in Trondheim zum Hauptziel für Pilger wurde. Bis 1835 wallfahrten die Menschen in der Johannisnacht zur Kirche, um ein Wunder zu erleben. In dieser Nacht nahmen die Pilger das auf unerklärliche Weise schwitzende Kruzifix von seinem Platz am Chorbogen herunter. Die "Schweißtropfen" wurden sorgsam abgewischt und auf die Wunden verteilt. Was damals niemand wußte, war, daß der sogenannte Schweiß nur Kondenswasser war. Die vielen Menschen in der Kirche heizten den Raum so stark auf, daß sich die feuchtwarme Luft an den kühleren Außenwänden, an denen auch das Kruzifix hing, absetzte.
- ♦ Røldal Stavkirke, ☏ 53647140 + ☏ 53647197, Mitte Mai - 31.5. 🗓 11:00 - 15:00, Juni 10:00-17:00, Juli 9:00 - 19:00, August 10:00 - 17:00, sonst nach Absprache, 22.6. - 10.8. jeden Do 19:00 - 19:30 Orgelkonzert.

Etappe 1: Røldal - Middalsbu

➲ 15,5 km ❙ West → Ost 3½ - 4 Std. ❙ Ost → West 3 Std. ❙ ↑ 250 m
Variante: von Bråstøl; über das Austdalen

Die erste Etappe entlang des großen Stausees Valldalsvatnet verläuft noch gänzlich durch den gebirgigeren Westteil der Hardangervidda.

Er liegt eingebettet zwischen einigen der höchsten Gipfel der Hochebene, auf denen das ganze Jahr über der Schnee nicht schmilzt: im Westen der Reinsnosi (1.639 m) mit den Gletschern Reinsnosifonni und dem Storfonn, im Norden Solfonntaggen (1.674 m) mit dem Gletscher Solfonn, schließlich im Osten der Gebirgskamm Nupseggi (1.674 m) mit dem Gletscher Nupsfonn und der Gebirgskamm Sandfloeggi, der sogar mit dem höchsten Gipfel (1.719 m) des Nationalparks aufwartet.

Von Røldal aus ergeben sich zwei Einstiegsmöglichkeiten hoch zur Hardangervidda. Zum einen die recht beschwerliche Auftaktetappe ☞ **Variante über das Austdalen**, die direkt in Røldal beginnt. Gilt es doch, gleich "zum Einlaufen" schon stattliche Höhenmeter über Stock und Stein zu überwinden.

Blick von der Besså-Hütte (Seite 117)

☺ Als Alternative für diesen "harten" Einstieg bietet sich die wesentlich bequemere und kürzere **Etappe über das Valldalen** an. Zwar verläuft sie gänzlich entlang der Straße, die aber kaum befahren ist. Sie dient hauptsächlich als Zubringer zu den zahlreichen Ferienhütten der Norweger im Valldalen. Anstatt bis Røldal fährt man die Bundesstraße 11 (E 76) in Richtung Haukeligrend 9 km weiter hoch bis kurz vor den Austmannlia-Tunnel. Bzw., wenn man von Haukeligrend kommt, stoppt man kurz hinter dem letzten Tunnel vor Røldal. Dort biegt die Straße hinauf ins **Valldalen** kurz vor der Brücke (600 m) über den **Fluß Storelva** ab. Man läuft auf der zunächst asphaltierten Straße entlang dem Westufer des Flusses.

△ Hølen Camping, 5760 Røldal, auf der anderen Seite des Flusses unterhalb des Austmannlia-Tunnels, ☏ 5364-7188, Hütten und Zelte.

🚌 ☞ Reise-Infos von A - Z, Anreise, Bus stoppt auf Anfrage entlang der E 76.

Nach 1 km erreicht man die **Bråstøl Turisthytte** (660 m). Die freundlichen Wirtsleute kennen sich in der Gegend sehr gut aus.

🛏 Bråstøl Turisthytte, 5760 Røldal, ☏ 53647258, 🍴 ganzjährig, 40 Betten, NOK 125 - 250/Pers., Frühstück NOK 60, 🚿 auf den Zimmern, warmes Essen nur auf Bestellung.

Die gemütliche Selbstbedienungshütte Torehytten (Seite 90)

Wem das Laufen auf der Straße zu langweilig ist, kann von Bråstøl aus noch zum Austdalen hinübersteigen, wo er wieder auf die Variante über das Austdalen trifft. Dadurch spart man einen Teil des steilen Anstiegs von Røldal aus.

Variante von Bråstøl ⇨ 1 Std.

Hinter der Bråstøl Turisthytte steigt man den relativ steilen Berghang gerade hoch und passiert linker Hand die Hütten von Oksastølen. Sobald es flacher wird, wandert man nördlich an mehreren kleinen Seen (880 m) unterhalb der Hänge der Budalsheia (1.063 m) vorbei. Kurz danach steht man am Ende des Austdalen, wo man mit der Variante über das Austdalen zusammentrifft.

Die Asphaltstraße zwängt sich durch das enge Valldalen weiter hoch. Nachdem sie durch einen Hügel kurz vom Fluß getrennt wurde, wird der Blick nach vorne auf den Staudamm frei, der bald erreicht ist.

Wie vielerorts am Rande der Hardangervidda breitet sich ein riesiger Stausee aus, der **Valldalsvatnet** (745 m). Am anderen Ende des Sees kann man schon in der Ferne die Hütte von Middalsbu erahnen.

Beiderseits des Sees fallen die Berge jäh über 500 m in den See hinab. Gerade noch konnte den westlichen Felshängen der Platz für eine Straße oberhalb des Sees abgerungen werden, die ab dem Staudamm in eine schmale Schotterstaße übergeht. Nach einer ¾ Std. weitet sich der Stausee nach Westen, dem die Straße in einem entsprechenden Bogen folgt.

Kurz hinter der Kurve steht linker Hand am Hang eine kleine, schiefe Holzhütte. Diese über 200 Jahre alte Hütte ist noch immer im Besitz der Nachfahren der Familie, die hier einst ein recht karges Leben gefristet hat. Auch heute gibt es kein fließendes Wasser, keinen Strom und nur einen Ofen, Hauptnahrungsmittel ist der Fisch aus dem Stausee, und im Herbst wird der Speiseplan mit Blau- und Moltebeeren ergänzt, die an den Hängen reichlich wachsen. Genutzt wird die Hütte allerdings nur noch als Wochenendhäuschen, um sich in der norwegischen Wildnis vom Streß der Zivilisation zu erholen.

Gemütlich wandert man am Fuße des **Klentenuten** (1.213 m) entlang. Bei den Ferienhütten von **Grytingstøl** kommt von oben aus einem Seitental zwischen dem Klentenuten und Skurvenuten (1.492 m) die **Variante über das Austdalen** herunter, die bei einer großen Informationstafel auf die Straße trifft. Anschließend werden in einer Kurve zwei Brücken passiert.

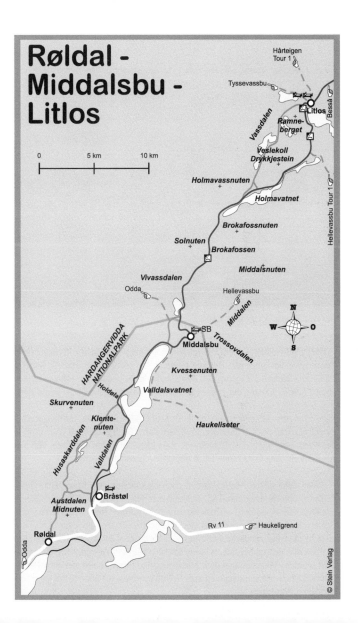

Der Nordmannslågen (Seite 116)

Der Fluß Holdøla schießt die Felshänge hinunter und rauscht in donnernden Wasserkaskaden unter den Brücken hindurch. Im leichten Auf und Ab wird die Halbinsel Fløgåsen überquert. Auf den unteren leicht bewaldeten Hängen weiden überall Schafe. Entlang der ganzen Strecke stürzen zahlreiche Bäche in die Tiefe.

☺ Bei der folgenden großen Informationstafel über die Hardangervidda zweigt ein Trampelpfad links der Straße an einem Bach entlang ab. Wer nicht in der Middalsbu-Hütte übernachten will, kann hier 2 bis 3 km abkürzen. Von hier aus führt ein Weg in Richtung Litlos direkt ins Vivassdalen hoch.

Nach dem steilen Anstieg zweigt nach Nordwesten eine Route zum Gipfel Reinsnos und Hardangerfjord ab, während man über eine Brücke **S** zum Ostufer des Vivassvatnet wandert, wo man wieder auf die normale Route nach Litlos stößt. Beiderseits der Straße stehen nun etliche Ferienhäuser der Norweger. Schließlich erreicht man das nördliche Ende des Valldalsvatnet. Gleich vier Täler kommen hier aus den Bergen herunter: Grønhellerdalen aus dem Westen, Vivassdalen aus dem Norden, Middalen aus dem Nordosten und Trossovdalen aus dem Osten. Deren Bäche vereinen sich unten zum Schluß zu einem reißenden Fluß mit einem herrlichen Wasserfall.

☺ Beim Zusammenfluß der Ströme geht von der Straßenbrücke eine kleine Fußgängerbrücke hinüber zum Berghang. Hinter dem Gatter gewinnt der Trampelpfad orogenetisch (in Fließrichtung gesehen, stromabwärts) rechts vom Fluß aus dem Middalen schnell an Höhe. Unterwegs ergeben sich schöne Einblicke in den tief ausgegrabenen Canyon und auf verschiedene kleine Wasserfälle. Nach einer knappen ½ Std. mündet der Pfad auf die Straße kurz vor der Middalsbu-Hütte.

Die Straße knickt scharf nach rechts und passiert die **Valldalshytta**, eine ehemalige DNT-Hütte. Daneben befinden sich große Schafspferche. Im Herbst werden alle Schafe aus den umliegenden Bergen hierher getrieben und nach Besitzern sortiert. Für die Norweger eine gute Gelegenheit für Familientreffen und zum Feiern.

Bevor sich die Straße endgültig steil bergauf ins Middalen windet, zweigt ein Pfad nach Haukeliseter zum Ostufer des Stausees ab. Man kehrt jedoch dem Stausee den Rücken und steigt entlang der jetzt gröberen Straße bergauf.

Sobald man in ein kleines Hochtal oberhalb der Baumgrenze kommt, geht es nur noch über eine Brücke **H**, und vor einem liegt dann bereits am Ende der Straße die frisch renovierte **DNT-Hütte von Middalsbu** (850 m) orogenetisch rechts des Flusses.

Holzplanken - Hilfe im Sumpfgebiet zwischen Besså und Sandhaug (Etappe 3)

Schafabtrieb bei Middalsbu

Die Hütte steht in einem kleinen Hochtal, in das zum einen aus Südosten das Trossovdalen mündet. Zum anderen kommt von Nordosten das Middalen unterhalb des Middalsnuten (1.642m).
⇨SB   DNT-Hütte Middalsbu, 🛏 01.03. - 15.10., 12 Betten.

Variante über das Austdalen

↻ 11 km ▮ West → Ost 4 - 4½ Std. ▮ Ost → West 3 Std. ▮ ↑ 610 m ↓ 245 m

Wer meint, körperlich fit zu sein und gleich zu Beginn einen anspruchsvollen Anstieg nicht scheut, dem empfiehlt sich die erheblich anstrengendere Auftaktetappe durch das schöne Austdalen. Die Route ist erst ab 700 Höhenmetern mit Steinmännern markiert. Ausgangspunkt der Variante ist **Røldal** (395 m).

Im Westteil des Ortes trifft der aus dem Austdalen kommende Fluß **Tufteelva** auf die **Bundesstraße 11** (E 76). 200 m hinter der Straßenbrücke in Richtung Zentrum zweigt der Weg nach Norden zwischen den Häusern ab. Bisher war dieser Weg noch nicht ausgeschildert, doch bei den Ortsleuten ist er allgemein bekannt und kann wenn nötig erfragt werden.

Das erste Stück steigt steil durch den Wald hoch und hält sich orogenetisch (in Fließrichtung gesehen, stromabwärts) links vom Tufteelva. Unterhalb der kleinen schroffen Erhebung Havrenos geht es durch einen engen Einschnitt zwischen diesem und den wesentlich höheren Felshängen des **Kvamsnuten** (1.262 m) hindurch.

Eine kurze Erholung ist einem dann im anschließenden **Austdalen** bis zu den alten Steinhütten und Almen (700 m) an dessen Ende vergönnt.

Ab den Hütten stehen die ersten Steinmänner, die dann weiter in nördlicher Richtung steil bergaufwärts über die Baumgrenze in die folgende Schlucht **Austdalsgjuvet** führen. Dort wartet das letzte Steilstück am Fuße der Anhöhe **Budalsheia** (1.063 m), wo ebenfalls eine Querverbindung aus dem Valldalen (☞ Etappe I) dazu stößt.

Schließlich gelangt man in das **Husaskarddalen** und erreicht westlich eines kleinen Sees die erste Paßhöhe (1.010 m). Der Weg läuft angenehm zum Ostufer des Litlavatn hinunter und wechselt danach zum Westufer des Storavatn (934 m).

Noch einmal geht es hoch zu einer Kluft (1.020 m) zwischen der Kuppe **Klentenuten** (1.213 m) und **Grønenuten** (1.300 m), allerdings nur leicht ansteigend. Von hier aus sieht man bereits den Stausee **Valldalsvatnet** (745 m) liegen.

Entlang eines Baches, der unterwegs gekreuzt wird, geht es relativ sanft zu den Hütten von Grytingstøl, wo man auf die Straße nach Middalsbu trifft (☞ Etappe über Valldalen).

Etappe 2: Middalsbu - Litlos

◌ 21 km ❘ West → Ost 6½ - 7½ Std. ❘ Ost → West 6 Std. ❘ ↑ 450 m ↓ 110 m
Variante: über das Vassdalen.

Obwohl diese Etappe noch zwischen den hohen Gipfeln der Westhardangervidda verläuft, bereitet sie keine nennenswerten Schwierigkeiten und ist gut zu gehen. Im September herrscht auf ihr reger Verkehr, bedeutet sie für die Jäger einen der schnellsten Wege zu den Jagdgebieten in der zentralen Hardangervidda.

Beim ersten Mal ist man etwas verblüfft, wenn es im Trockenraum der Hütten statt von nassen Socken nur so von Gewehren und gefährlich aussehenden Patronengürteln wimmelt. Von der **Middalsbu-Hütte** aus folgt die Route nach Hellevassbu weiter dem Fluß ins Middalen hinauf.

Nach Litlos muß man aber ein paar Schritte auf der Schotterstraße bis zur einen kleinen, hellen Holzhütte am Hang zurückgehen, wo man dem Fluß den Rücken zukehrt. Die Markierungen scheuchen einen dort steil 100 Höhenmeter in die Hänge des **Middalsrusti** (1.525 m) hinauf.

▣ Sobald es wieder flacher wird, ergibt sich ein wunderbarer Ausblick über den gesamten Stausee Valldalsvatnet und die umschließenden Berge. Bevor das Gebiet durch die Wasserkraftindustrie genutzt wurde, galt Valldalen als eines der schönsten Seter-Täler Norwegens. Wie ein Keil ragt es in den Hardangervidda-Nationalpark hinein. Nach Osten überblickt man das U-förmige Trossovdalen bis zu den vergletscherten Gipfeln des **Sandfloeggi**.

Der Weg beschreibt einen Bogen um den Middalsrusti herum zum Ostufer des **Vivavatnet** (934 m) hinunter. Kurz vor dem See vereinigt er sich mit der Abkürzung aus dem Valldalen, wo auch der Nationalpark beginnt. Am See vorbei zieht sich die Strecke orogenetisch links vom Fluß über mehrere Kilometer stetig ins **Vivassdalen** bergauf. Unterwegs sind einige kleinere Bäche zu überspringen.

Das Berghotel Tuvaseter (Seite 126)

Schließlich gilt es, den Felskessel, der von dem beeindruckenden **Brokafossen** beherrscht wird, am Ende des Tales über ein Geröllfeld zu erklimmen. Von der Brücke **S** unterhalb des Wasserfalls hat man den besten Blick auf die laut donnernden Wassermassen.

Nach ca. 3½ Std. steht man oben auf der Paßhöhe. Sie stellt die Wasserscheide zwischen dem Valldalen und dem gigantischen Einzugsgebiet des Flusses Kvenno (Kvenna) dar. Eine weitere Attraktion ist der riesige Findlingsblock Tyristein rechts des Pfades. Insbesondere bei kaltem Wetter läßt es sich in seinem Windschatten gut Pause machen. Gerade voraus liegt der **Holmavatnet** (1.202 m). Seinen Namen erhielt er aufgrund einer Insel (norwg. *holm*) mitten im See. Aus ihm entspringt auch die westlichste Quelle des Kvenno, einer der größten Flüsse der Hardangervidda. Man wechselt hinüber auf die andere Talseite und wandert zunächst entlang des Nordufers des Sees. Unterwegs verläuft der Pfad immer wieder über Geröll. Auch einige Flüsse sind zu queren.

Nach 2 km biegt in nördlicher Richtung eine **Variante nach Litlos** bergaufwärts ab. Die Strecke ist zwar ca. 2 km kürzer, aber nicht so gut markiert wie die Hauptstrecke und anstrengender zu gehen. Auch sind zwei Seeabflüsse zu furten. Eine Zeitersparnis erbringt sie fast gar nicht. Bei schlechten Sichtverhältnissen empfiehlt sich eher die normale Wanderroute.

Variante über das Vassdalen ⇨ 2½ Std.

Ein steiler Anstieg führt durch einen Einschnitt zwischen dem östlich gelegenen Veslekoll (1.542 m) und dem Holmavassnuten (1.605 m) westlich ins Vassdalen hoch. Das Hochtal ist übersät mit zahlreichen Seen, den Vassdalsvatni (1.301 m). Zuerst geht es östlich an den Seen entlang. Nach der ersten Furt beim größten See werden die nächst größeren westlich passiert, wo bald die zweite Furt bewältigt werden muß. Hinter den Seen liegt der Berg Ramneberget (1.356 m). Auch dieser wird westlich umgangen.

Der anschließende steile Abstieg endet am Litlosvatnet, wo man wieder auf die Route von Middalsbu trifft.

Man läuft weiter am See unterhalb des **Veslekoll** (1.542 m) entlang. Am Fuße der jäh abfallenden Felshänge des **Drykkjestein** (dt. trinkender Stein) gegen Ende des Holmavatnet ist der Weg nur ein fußbreiter Pfad über grobe Felsblöcke. Dies ändert sich erst bei einer kleinen windschiefen Jagdhütte, die plötzlich hinter einem Felsblock auftaucht. Ein kurzes Stück folgt man noch dem Kvenno, bis der Weg nach Norden in einer Öffnung zwischen dem Veslekoll und der Kuppe **Prestkono** (1.364 m) verschwindet.

Tuva - Geilo mit Blick auf den Hallingskarvet (Etappe 7)

Dort vereint sich die Tour 2 mit der Tour 1. Bis Litlos entspricht die jetzige markierte Wanderroute dem alten Handelsweg *Hardingslepa* über die Hardangervidda (☞ Tour 1, Etappe 6; Land und Leute, Geschichte). Von der Paßhöhe wandert man gemütlich hinunter zum Westufer des **Litlosvatnet** (1.172 m). Auf der anderen Seite erkennt man bereits die Litlos-Hütte. Etwas oberhalb des Sees hilft eine Brücke **S** über den Fluß Fotkjølo hinüber. Die Markierungen umrunden den See westlich, während linker Hand der Ramneberget (1.356 m) in die Höhe schießt. Bei der Brücke **S** über die einmündenden Flüsse Sledalselvi kommt von oben die **Variante nach Litlos** herunter. Dann nur noch wenige Minuten, und die Hütte von **Litlos** (1.180 m) ist erreicht.

⇌ DNT-Hütte Litlos, ☏ 94531242, 🗓 30.6. - 17.9. und Ostern, Landeplatz für Wasserflugzeug, 52 Betten.

⇌SB Litlos, 🗓 1.3. - 1.5. und 17.9. - 15.10, 8 Betten.

Etappe 3: Litlos - Sandhaug

➲ 24 km ▎ West → Ost 7½ Std. ▎ Ost → West: 6 Std. ▎ ↑ 320 m ↓ 260 m

Die dritte Etappe läßt die Gebirge des Westens hinter sich und taucht in das Zentrum der Hardangervidda ein. Die Gipfel verkümmern zu Hügeln und flachen

Kuppen. Statt von Berg zu Berg hangelt sich der Weg nun von See zu See. Von **Litlos** aus zerstreuen sich die Routen in alle Himmelsrichtungen: nach Süden Hellevassbu und Middalsbu, nach Westen Tyssevassbu, nach Norden zum berühmten Berg Hårteigen (☞ Tour 1, Etappe 5) und nach Nordosten Besså, Sandhaug und eine Variante nach Hadlaskard. Man wählt Nordost.

Direkt vom Hütteneingang führt ein Trampelpfad angenehm steigend durch die Lücke zwischen dem Hausberg von Litlos, dem **Holken** (1.420 m) und der kleinen Erhebung **Småholkane** (1.380 m) hindurch.

Zurück hat man noch einmal einen Blick auf das imposante Westgebirge. Vor einem breitet sich dagegen das nur leicht wellige Gelände im Kern der Hochebene aus.

Dann wird die kleine Senke Ambjørsflott durchschritten, in der eine Route nach Hadlaskard nach Norden abbiegt, und der See **Ambjørsvatnet** (1.277 m) auf der nördlichen Uferböschung umgangen. Beiderseits des Weges reiht sich ein Teich an den anderen. Dies ändert sich auch nicht auf der folgenden, steinigen Strecke entlang eines Flüßchens, die gemächlich die notwendigen 100 Höhenmeter bis zu einem kleinen See zwischen den Kuppen **Flautenuten** (1.458 m) und **Storahorgi** (1.467 m) überwindet.

Zu Füßen liegt die zu überschreitende Hochfläche namens Grottflott mit zahllosen Seen und Bächen.

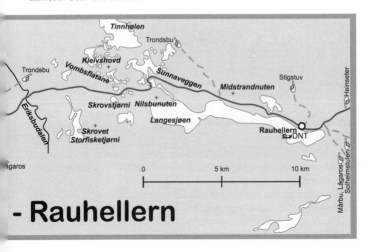

Man hält direkt in nordöstlicher Richtung auf die Erhebung Dyrasanden (1.445 m) westlich des großen Sees **Bismarvatn** (1.333 m) zu.

Hier halten sich öfters Rentiere (☞ Land und Leute, Fauna) auf. Auch Massen von Hufspuren im Boden bzw. im Schnee weisen daraufhin, daß hier große Herden vorbeiziehen. Jedoch sind die Tiere sehr scheu, da sie im Herbst zur Jagdsaison zum Abschuß freigegeben werden.

Blaubeere
Wollgras

Größer ist da die Chance, ein paar Schneehühner (norw. *rype*) zu erspähen. In der Jagdsaison hält man sich besser von Tieren und Jägern fern und bleibt auf den Wegen. Oben auf dem **Dyrasanden** läßt man nach 3½ Std. seit Litlos einen kleinen See linker Hand liegen.

Rückwärts blickend ergibt sich ein schöner Ausblick über die Grottflott auf die drei Kuppen Brakanuten (1.376 m), Flautenuten und Storahorgi.

Ein kurzer Abstieg führt über den Südhang des **Bismarhei** (1.456 m) zum **Bismarvatn** hinunter.

Westlich an ihm vorbei schlängelt sich der zumeist gute Pfad im leichten Auf und Ab wieder zwischen einigen kleineren Seen hindurch. Auch mehrere Bäche sind zu kreuzen.

Schließlich passiert man westlich hinter einer kleinen Erhebung (1.408 m), die zur Hügelkette Dimmedalshøgdene gehört, den See **Bessvatn** (1.302 m).

Dieser speist den anschließenden Fluß Besso, der bei der **Besså-Turisthytte** (1.250 m) in den großen See **Nordmannslågen** (1.244 m) mündet.

Von einer kleinen Anhöhe aus öffnet sich eine faszinierende Aussicht über den Nordmannslågen. Gerade vor am See liegt 1 km weiter unten die Besså-Hütte, während auf der anderen Seite des Sees im Osten schon die Sandhaug-Hütte in der Ferne auszumachen ist.

☺ Ein Zwischenstop in der urigen **Besså-Hütte** (S. 104) ist äußerst zu empfehlen. Die Besitzer des Gebirgsbauernhofes von 1934 legen großen Wert auf die Erhaltung der Hardangertraditionen. Im August findet dort das beliebte Konzert mit der Hardangerfidel statt.

Auch werden fast nur traditionelle norwegische Gerichte zubereitet wie: *sild* (süßlich eingelegter Hering), geräucherte Lachsforelle, Rentierbraten, *havregrøt* (norw. Haferbrei), *rømmegrøt* (Brei aus saurem Rahm und Mehl mit Zimt und Zucker), *skav* (getrocknetes und gesalzenes Rentierfleisch), *Gudbrandsdalost* (brauner, süßlicher Ziegenkäse, etwas karamelartig), *gammel ost* (sehr alter würziger Käse, der einem die Schuhe auszieht), Moltebeer- und Blaubeermarmelade u.v.m. Der Fisch stammt aus dem Nordmannslågen. Im Sommer halten sie sich eigens eine Kuh für Butter, frische Milch und Crèmes. Das i-Tüpfelchen ist morgens selbstgemachtes Brot, warm und knusprig direkt aus dem Ofen. Von der gemütlichen Wohnstube hat man einen schönen Blick über den See. In der zweiten Julihälfte wird die Hütte üblicherweise von einem farbenprächtigen Blütenteppich umgeben.

Bärentraube

Moltebeere

⮕DNT Besså-Turisthytte, ☎ 94530709 (außerhalb der Saison ☎ 56525856), 📅 1.7. - 25.9., 38 Betten, NOK 175/Pers. für DNT-Mitglieder, ansonsten ca. NOK 60 teurer, NOK 125 - 150/Menü, NOK 65/Frühstück, Landeplatz für Wasserflugzeuge.

Von der Hütte führt der Pfad nach Sandhaug in südlicher Richtung am Fluß Besso aufwärts bis zur Brücke **S** darüber. Dort trifft man auch wieder auf die direkte Route nach Sandhaug.

Wer sich den Schlenker nach Besså ersparen möchte, kann von der kleinen Anhöhe gleich nach Osten weitergehen. Nicht weit entfernt befindet sich die Brücke **S** über den Fluß **Besso**, wo der Umweg über die Hütte wieder dazu stößt.

Kleine Terrassen und rauschende Kaskaden begleiten den Fluß, der hinter der Brücke eine Schlucht in den Fels gegraben hat. Nur noch ein paar Meter kommt man auf den Felsen am Fluß in den Genuß von festem Untergrund.

Die restliche Strecke entlang der Bergkette **Lakadalsbergi** und südlich um den Nordmannslågen herum ist eine sehr feuchte und schlammige Angelegenheit. Über die schlimmsten Stellen des großen Sumpfgebietes helfen Holzplanken hinüber. Kurz vor Sandhaug überspannen zwei große Hängebrücken die Stromschnellen Holsbustrykene zwischen Nordmannslågen und dem Lakjen. Immerhin besteht zwischen den beiden Seen 1 m Höhendifferenz.

Tiefe Traktorspuren durchziehen dahinter den Boden und verschwinden im Wasser, denn Pakete und Sonstiges werden hier per Traktor vom Wasserflugzeug abgeholt. Ein kleiner Schlenker um einen kleinen Teich, dann noch eine kleine Holzbrücke über den Hausbach, und endlich ist die große **Sandhaug-Hütte** (1.253 m) erreicht.

⮕ DNT-Hütte Sandhaug, ☎ 94112375 und 94577960 (außerhalb der Saison ☎ 53665945), 📅 30.6. - 24.9. und Ostern, 80 Betten, Landeplatz Wasserflugzeuge.

⮕SB Sandhaug, 📅 1.3. - 29.6. + 25.9. - 15.10., 32 Betten.

Etappe 4: Sandhaug - Rauhellern

➲ 25 km ❙ West ➔ Ost: 6½ - 7 Std. ❙ Ost ➔ West 6½ - 7 Std. ❙ ↑ 140 m ↓ 130 m

Die vierte Etappe ist die längste und flachste der gesamten Tour. Sie scheint sich endlos über die weite Hochebene hinzuziehen. Kein einziger Baum oder Felsblock stört das Erscheinungsbild. Die flachen Senken bieten nur ungenügenden Schutz gegen den Wind, der mit aller Macht über das offene Gelände stürmen kann. Um so mehr fallen die kleinen Dinge am Wegesrand ins Auge. Die nur wenige Zentimeter hohen Pflanzen sind zahlreich. Zwar fehlt ihnen die bunte Blütenpracht der Hochgebirgswiesen in den Alpen, doch im Herbst bekennt das Fjell Farbe und überrascht mit leuchtenden Gelb-, Orange- und intensiven Rottönen. Auch sieht man häufig weitere Bewohner der so karg anmutenden Landschaft, die Lemminge. Urplötzlich schießen die kleinen Fellknäuel unter einem Stein hervor und flitzen zwischen den Füßen hindurch in das nächste Loch.

In **Sandhaug** gabelt sich der Weg in verschiedene Richtungen: Hadlaskard und Hedlo nach Nordwesten, Tinnhølen und Bjoreidalen nach Norden, Rauhellern nach Nordosten, Lågaros nach Südosten.

☺ Hier besteht eine gute Möglichkeit zum Abbruch der Tour. In etwas über 2½ Std. kann man **Tinnhølen** erreichen, wo eine Stichstraße zur Bundesstraße 7 zwischen Geilo und Eidfjord führt. Zwischen den beiden Städten verkehrt von Juni bis Anfang September zwei- bis dreimal täglich ein Bus in beide Richtungen. Tinnhølen ist im Sommer ein beliebtes Ausflugsziel. Bei der dortigen Touristenhütte Trondsbu findet man in aller Regel jemanden, der einen bis zur Hauptstraße mitnimmt.

Nach Rauhellern muß man den Hausbach neben der **DNT-Hütte** wieder überqueren. Dann kehrt man dem Nordmannslågen den Rücken zu. Der gute Pfad führt sanft einen Hang hinauf, durch ein kleines Sumpfgebiet und anschließend durch eine Lücke westlich der Kuppe Krakavadnutane (1.340 m) hinunter zum Fluß im **Eriksbudalen**.

Auf der anderen Seite des Flusses verläuft der Pfad glücklicherweise auf einem kleinen natürlichen Damm, während links und rechts wieder der unvermeidliche Sumpf lauert, ein richtiges Mückenparadies. Man wandert über den Kamm **Eriksbueggi** (1.284 m), der kaum als solcher zu erkennen ist, wieder aus dem Tal heraus.

Die folgende Strecke über die Hochfläche **Vombsflatane** ist teilweise gut zu gehen, teilweise aber auch sehr sumpfig.

Auffällig sind die großen, runden und manchmal über 1 m tiefen Wasserlöcher. Sie sind typische Relikte aus der Eiszeit. Diese als Toteislöcher bezeichneten Strukturen entstehen, wenn größere Eisblöcke zunächst liegen bleiben und von

Toteislöcher zwischen Sandhaug und Rauhellern

Finse: Ausgangspunkt vieler Touren (Seite 73)

Schmelzwassersanden bedeckt werden. Erst später tauen sie nach und nach ab, wobei das aufliegende Sediment langsam einsinkt und damit die wassergefüllten oder inzwischen versumpften Vertiefungen schafft.

Unterwegs kreuzt der Trampelpfad einen zwischen Nord und Süd verlaufenden Weg. Mit den tiefen Spurrillen erinnert er an eine Traktorspur. Etwas später treten sie noch einmal auf. Sie sind Reste der alten Handelswege über die Hardangervidda (☞ Land und Leute, Geschichte).

Nach 2¼ Std. ergibt sich von einer kleinen Erhebung kurz vor den Seen **Skrovstjørni** (1.226 m) eine wunderbare Fernsicht über die Hochebene. Im Norden liegt die nahe Seenplatte Kleivshovdtjørntane mit dem Gipfel Kleivshovd (1.276 m), der einem Heuhaufen ähnelt.

Noch weiter nördlich schimmert der große See Tinnhølen in der Ferne. Im Nordosten sind die Seen Vestre und Austre Bakkatjørni zu sehen. Am Horizont im Süden läßt sich der ausgedehnte See Bjornefjorden erkennen, und geradeaus im Osten erstreckt sich bereits das Tagesziel, der Langesjøen, so benannt aufgrund seiner auffallend langgezogen Form. Nun geht es nördlich an Skrovstjørni vorbei, und man kreuzt wieder einen alten Handelsweg, den **Søre Nordmannsslepa**.

✋ Zunächst macht der Weg einen scharfen Knick nach rechts. Auf die Markierungen achten, denn ein deutlicher Trampelpfad läuft mißverständlich geradeaus weiter.

Etwas weiter biegt man abrupt nach Norden, quert den Fluß **Bakketjørnbekken** und wendet sich nach Osten. Der Langesjøen wurde lange durch einen Kanal vom Tinnhølen gespeist. Seit der Entwicklung des Nord-Eidfjord-Hydro-Elektrikschemas wird das Wasser vom Tinnhølen nach Westen zu den dortigen Wasserkraftwerken geleitet. Nun ist nur noch der Hügel Sunnaveggen nördlich des Langesjøen zu überwinden, bis man am Fuße des **Midstrandnuten** (1.325) endlich direkt am See steht. Dort zweigt wieder eine Route nach Norden zum Tinnhølen ab. Geradeaus erblickt man die rote Hütte von Rauhellern.

Der letzte Teil am Nordufer des **Langesjøen** (1.206 m) entlang ist streckenweise recht matschig. Kleine Rinnsale vom Midstrandnuten weichen den Boden auf. Die herausragenden Wurzeln und Äste der hier wieder wachsenden Zwergsträucher erschweren das Gehen zusätzlich. Vorbei am Midstrandnuten zweigt eine weitere Route nach Tinnhølen ab.

Besonders im Sumpfgebiet unterhalb des Sees **Flotatjørni** (1.210 m), wo ein Fluß gequert werden muß, bis kurz vor der **Rauhellern-Hütte** (1.220 m) sinkt man tief in den Schlamm ein.

Der Abstieg ins Flåmsdal erfolgt am besten schiebend (Seite 145)

Die Selbstbedienungshütte Rauhellern

🚶🚶 Rauhellern, ☎ 94198120 (außerhalb der Saison ☎ 53665191), 🛏 1.7. - 3.9. und Ostern, 58 Betten, gehört der Drammens og Oplands Turistforening (DOT), DNT-Preise.

🚶SB Die Selbstbedienungshütte ist geöffnet, wenn die bewirtschaftete Hütte geschlossen ist, 15 Betten, DNT-Preise. Sie liegt oberhalb des Hauptgebäudes am Hang.

Etappe 5: Rauhellern - Heinseter

➲ 13,5 km, ▌ West ➔ Ost: 3½ Std. ▌ Ost ➔ West 3½ Std. ▌ ↑ 120 m ↓ 230 m

Auch die fünfte Etappe hat kaum Höhenunterschiede aufzuweisen. Sie ist relativ kurz, damit man sich von den vorherigen Strapazen ausruhen kann. Wer meint, auf Erholung verzichten zu können, der kann gleich noch die folgende Etappe bis Tuva anhängen. Konditionell bereitet dies eigentlich weniger Schwierigkeiten, da keine anstrengenden Aufstiege bewältigt werden müssen. Die dann fast 26 km lange Strecke merkt man abends hauptsächlich an den schmerzenden Füßen.

Von **Rauhellern** aus biegen die Routen nach Stigstuv und Halne nach Norden ab. Nach Heinseter folgt man zuerst dem Langsjøen bis zu seinem Ostende, wo der breite Fluß **Djupa** abfließt. Dort zweigen die Routen nach Lågaros, Mårbu und Solheimstulen über eine große Brücke **H** über den Fluß nach Süden und Osten ab. Man läßt diese und nach ½ Std. auch die nächste Brücke **H** rechter Hand liegen und orientiert sich am orogenetisch linken Flußufer entlang. Kurz danach muß der Fluß **Tormodbekken** überquert werden, der von Westen kommend in die Djupa mündet. Während ein kleiner Ausläufer des Berges Tormodbrotet (1.325 m) überwunden wird, schwenkt die Djupa nach Osten weg.

1 km lang bis zur nächsten Weggabelung verläuft der Weg auf dem **Store Nordmannsslepa** (☞ Land und Leute, Geschichte).

Bevor sich der Weg gabelt und die Route nach Åan (auf der Karte Æan) und der Store Nordmannsslepa in östlicher Richtung abzweigt, hilft ein Holzsteg **S** über einen Bach. Ein Schild macht darauf aufmerksam, daß der alte Handelsweg nicht mit roten T-Zeichen markiert ist.

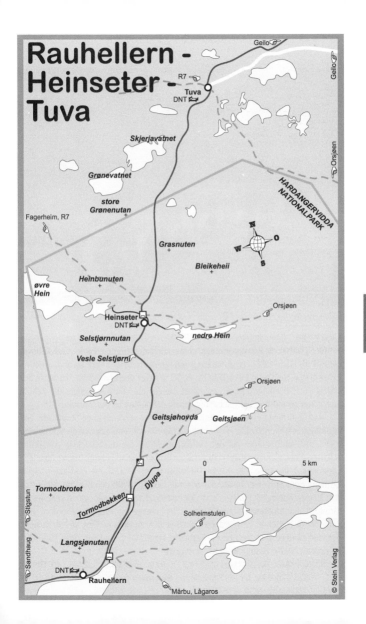

Idyllische Route durch das Flåmsdalen (Radtour, 3. Etappe)

Der Pfad nach Heinseter steigt gemächlich den breiten Gipfel **Geitsjøhovda** (1.254 m) hoch, fällt kurz durch ein Sumpfgebiet in einer Senke ab und streift die Erhebungen Heinberget westlich, bis er 50 m tiefer den idyllischen See **Vesle Selstjørni** (1.130 m) berührt. Es erfordert einiges Geschick, um ohne die Schuhe ausziehen zu müssen, den Seeabfluß trockenen Fußes zu durchwaten.

Man kommt auf eine kleine Halbinsel mit einer schönen alten Steinhütte, **Selstjørnlægret** (*leger* bzw. *læger* bedeutet Unterstand), eine ehemalige Schutzhütte (☞ Alte Schutzhütten auf der Hardangervidda). Sie duckt sich in den Windschatten eines kleinen Hügels. Auf dessen anderer Seite geht es zuerst über eine Landenge zum Fuße der Kuppe Selstjørnnutan (1.357 m) und dann deren Osthang ein paar Meter hinauf. Über einen ziemlich steinigen Pfad bewältigt man den letzten Kilometer hinunter nach **Heinseter** (1.095 m) mit seinen schönen U-förmig angeordneten Holzgebäuden. Der ehemalige Gebirgsbauernhof liegt eingebettet zwischen saftiggrünen Schafsweiden an dem großen Strom Heinelvi, der den nordwestlich gelegenen See øvre Hein (1.113 m) mit dem südöstlich gelegenen Nedre Hein (1.075 m) verbindet.

⌂DNT Heinseter, ☎ 94114577, ▯ 1.7. - 10.9. und 25.3. - 24.4., 40 Betten, NOK 175/Pers. für DNT-Mitglieder, ansonsten ca. NOK 60 teurer, NOK 125 - 160/Menü, NOK 65/Frühstück.

☺ Von Heinseter aus bietet sich eine gute Ausstiegsmöglichkeit nach Westen über den Hügelkamm Selstjørnnutan (1.357 m) an. In 1½ Std. erreicht man über einen mit Steinmännern markierten Weg den großen See Halnefjorden. Im Sommer verkehrt hier regelmäßig ein Boot nach Halne an der Bundesstraße 7.

Etappe 6: Heinseter - Tuva

➲ 12 km I West → Ost: 3½ Std. I Ost → West: 3 Std. I ↑ 295 m ↓ 110 m

Auch auf der sechsten Etappe wird die Landschaft durch sanfte Anstiege über Hügelkämme bestimmt, zwischen denen sich Seen, Flußläufe und versumpfte Mulden einbetten. Bei **Heinseter** überspannt eine große Stahlbrücke **H** den Heinelvi, worunter wilde Stromschnellen wirbeln.

Auf der anderen Flußseite trennt sich die Route nach Åan in östlicher Richtung und 200 m weiter die Route nach Fagerheim nach Nordwesten ab.

Der Weg nach Tuva setzt sich geradeaus entlang der Hänge der Bleikeheii (1.294 m) hoch fort. Die ca. 140 Höhenmeter bereiten keine besonderen

Im Westen fällt das Hochplateau steil ab: der Aurlandsfjord (Radtour, 3. Etappe)

Schwierigkeiten. Allerdings ist der Pfad mit Steinen übersät und gelegentlich ziemlich matschig.

Unterhalb der Kuppe **Grasnuten** (1.348 m) ergibt sich rückwärts noch einmal ein schöner Ausblick über Heinseter und die Heinseen. In der folgenden Mulde wimmelt es nur so von roten T-Zeichen. Wenn man sich an die äußerst rechten hält, läßt sich das Sumpfgebiet ganz gut umgehen. Ein kurzer Anstieg führt östlich am Hang der Kuppe **Store Grønenutan** entlang. Mehrere unmarkierte Pfade kreuzen hier.

In der Ferne tauchen bereits nordöstlich die Gebäude von Tuva auf. Auf dem Weg anschließend hinunter zum x-ten Sumpfgebiet verläßt man den Hardangervidda-Nationalpark.

Man hält sich nun mehr in nordöstlicher Richtung. Linker Hand befinden sich die Seen **Grønevatnet** (1.194 m) und **Skjerjavatnet** (1.195 m). Nach einer ¾ Std. wandert man zwischen diesen und den westlich gelegenen Seen Ulehaugtjørnan hindurch. Über zwei verbindende Flüsse hüpft man von Stein zu Stein.

Auf dem kurzen Stück östlich am folgenden See **Langetjørni** (1.203 m) vorbei glaubt man die Hütte von Tuva schon in Reichweite. Doch die Route beschreibt zum Schluß noch einmal einen Bogen durch ein extrem sumpfiges Gebiet. Es kostet etwas Zeit, einen passablen Weg zu finden.

Schließlich steht man vor den hübschen Blockhäusern in **Tuva** (1.185 m). Die wildwuchernden Grasdächer verleihen dem ehemaligen Gebirgsbauernhof **Tuvaseter** einen besonderen Charme.

Ein privater Zufahrtsweg verbindet ihn mit der Bundesstraße 40, auf der die Expressbusse verkehren (☞ Reise-Infos von A bis Z, Anreise).

⌂ DNT Tuva Turisthytte, ☎ 94176026, ▯ 28.6. - 10.9. + 3.3. - 30.4., 20 Betten, NOK 175/Pers. für DNT-Mitglieder, ansonsten ca. NOK 60 teurer, NOK 125 - 160/Menü, NOK 65/Frühstück, ☞▯ ebenfalls 26.2. - 1.5. und an Wochenenden im September.

 Geilo - Tuva 3.7. - 14.8. Mo, Mi + Fr von Tuva 12:15 + 15:50.

Alte Schutzhütten auf der Hardangervidda

Reisende über die Hardangervidda benötigten früher mindestens drei Tage. Das Wetter war oft sehr schlecht. Ein Dach über dem Kopf für die Nacht war unentbehrlich. Daher wurden Schutzhütten überall an den Handelswegen oder nahebei gebaut: rauhe und kalte Steinhütten, die aber zumindest Schutz gegen Wind und Regen boten. Eine Reihe von Almen (norw. *seter*) lagen zwar auf dem Weg oder in der Nähe. Diese waren jedoch ständig von den Bauern und ihren Familien besetzt, so daß kaum Platz für zusätzliche Leute blieb. Auch Viehtreiber und ihre weidenden Kühe nutzten die Steinhütten. Ihre Ruinen sind noch immer entlang der alten Wege zu sehen. Manche von ihnen wie die 200 bis 300 Jahre alte Steinhütte Ulveliagret entlang des Store Nordmannsslepa wurden restauriert. Sie war eine der größeren Schutzhütten mit einem Vorzimmer zum Melken und einem Wohnzimmer mit Herd und Schlafkojen. Am See Skrykken östlich von Rauhellern gelegen, dient sie heute als einfache unbewirtschaftete Hütte ohne Proviant.

Etappe 7: Tuva - Geilo

➲ 19 km I West → Ost: 5½ Std. I Ost → West: 6½ - 7 Std. I ↑ 180 m ↓ 605 m
Variante: Tuva - Ustaoset; über Kikut/Hakkesetstølen

Auf der letzten Etappe verläßt man das Hochplateau und steigt ins Ustedalen nach Geilo ab. Geilo ist in den letzten Jahren zu einem der beliebtesten Wintersportorte Norwegens geworden. Die Route verläuft auf dem alten Handelsweg **Nordre Nordmannsslepa** und bietet bis kurz vor dem Ustedalen einen herrlichen Ausblick nach Norden auf den eindrucksvollen Gebirgszug Hallingskarvet.

Auch in **Tuva** treffen mehrere Routen zusammen: Krækkja aus dem Westen, Åan aus dem Südosten, Heinseter von Südwesten, Ustaoset und Geilo von Nordosten. Man wählt letztere Richtung. Vom Parkplatz beim Gebäudekomplex führt eine Holztreppe durch ein Gatter auf eine Bergwiese. Dort schickt einen der alte Weg zum Skurdalen, ein Zweig des Nordre Nordmannsslepa, hoch auf das weitläufige Heideland **Monsbuheii**. Streckenweise stimmt der deutliche Weg mit den Winterrouten überein, die an ihren Markierungen mit langen Holzstangen zu erkennen sind. Am Horizont im Norden erheben sich die schneebedeckten Gipfel von Hallingskarvet. Im Vordergrund liegt der kleine See Tuvetjørni (1.237 m). Man wendet sich nach Osten und wandert parallel zur Straße auf die einzige Erhebung weit und breit zu, den **Ustetind** (1.376 m). Nach ½ Std. gabelt sich der Weg.

Variante Tuva - Ustaoset ⇨ 2½ Std.

Wer etwas unter Zeitdruck steht, kann hier den um die Hälfte kürzeren Weg zur Bergen-Bahn nehmen und somit eventuell einen früheren Zug an der Bahnstation in Ustaoset nach Oslo bzw. Bergen erwischen. Man läuft westlich am Ustetind vorbei. Nach ½ Std. beginnt der steile Abstieg hinunter zum Ustevatn (985 m). Bei den Hütten von Ustebergstølen erreicht man das Ostende des Sees an einer schmalen Straße. Man folgt dieser nach Norden östlich am See entlang, quert über eine Brücke den Seeabfluß und kreuzt die Bergen-Bahn. Kurze Zeit später gelangt man zur Bundesstraße 7. 400 m nach links steht der Ustaoset-Bahnhof.

⇐ Ustaoset Hotell, ☎ 32903161, 🛏 außer Mai und Oktober, 200 Betten, ✗

Nach Geilo geht es weiter geradeaus südlich am Ustetind vorbei. Ausgeschildert ist hier allerdings nur Hakkesetstølen. Auf der anderen Seite der Straße glitzert der Holværvatnet (1.181 m) in der Sonne. Man überspringt einen Bach und genießt die schönen Aussichten rundum. Nach 1¼ Std. kreuzt ein Weg mit tiefen Furchen. Dort biegt man nach Norden hinunter zum Westufer des **Tindevatnet** (1.264 m) ab und steigt anschließend den Osthang des **Ustetind** hoch. Auf einem Absatz wechseln die Routen nach Geilo (ausgeschildert: Tuftebrui und Kikut) wieder abrupt die Richtung. Die Schilder weisen einen nach Osten. Setzt man den Weg in nördlicher Richtung fort, stößt man bald wieder auf die Route nach Ustaoset.

Der Rallarvegen kurz hinter Finse (Radtour, 1. Etappe)

🏔 Eine faszinierende Panoramaaussicht bietet sich oben vom Ustetind. Zum Gipfel läuft man weiter zur Ustetindhytta, deren Dächer linker Hand ein Stück weiter oben am Hang bereits zu sehen sind. Von dort sind es nur wenige Minuten hinauf zum Gipfel. Bei klarer Sicht kann man den Anblick der drei berühmtesten Merkmale der Hardangervidda genießen. Weit entfernt im Westen ragt der Hårteigen in den Himmel, im Nordwesten die majestätische Eiskappe des Hardangerjøkulen und im Norden die teilweise vergletscherten Gipfel des Hallingskarvet. Im Süden liegen die weiten Hochflächen und im Osten die tiefen Einschnitte des Numedalen und des Hallingsdalen.

Die folgenden Strecken sind neben dem üblichen roten T ebenfalls mit rotem N markiert. Zunächst muß ein steiler Einschnitt gequert werden. Kurz danach gabelt sich der Weg erneut. Der kürzeste Weg nach Geilo, der sich nach Norden hält, führt über Tuftebrui. Allerdings müssen die letzten 4 km entlang der stark

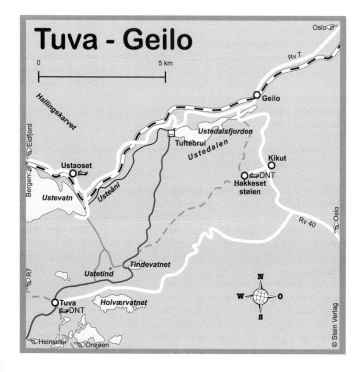

befahrenen Bundesstraße 7 zurückgelegt werden. Die **Variante über Kikut** endet zwar kurz vor Geilo, dafür ist sie ca. 4 km länger.

Variante über Kikut/Hakkesetstølen

Ein Stück hinter dem Wegweiser steigt der Pfad in kleinen, steilen Stufen auf ein kleines Hochplateau zwischen dem Ustedal und Skurdal ab. Man passiert südlich der Seen Oksetjørn (1.124 m), øvre Langetjørni (1.176 m), wo eine Querverbindung nach Tuftebrui nach Norden abzweigt.

Es geht langsam weiter hinunter streckenweise durch Sumpf bis zur **Hakkesetstølen Turisthytte** östlich des Sees store Hakkesetjørni (1.041 m).

⇨DNT Hakkesetstølen Turisthytte, ☏ 93046770 oder 32090920,
✉ <bryplass@hakkeset.no> 🖥 <www.hakkeset.no> 📅 22.6. - 1.10. +
4.2. - 1.05., 35 Betten und 3 Hütten, ab NOK 420/Hütte.

Dort wendet man sich nach Norden. 500 m weiter teilt sich ein Pfad zur oberen Liftstation am Skihausberg Okli (1.083 m) ab. Man kann auch über den Skihang ins Ustedalen zum Vestlia Skisenter absteigen, wo man auf eine Straße nach Geilo trifft. Der eigentliche Wanderweg steigt oberhalb des Skigebietes steil ins Numedalen bis zu den Hütten von Ivarstølen an einer Nebenstraße ab. Diese vereint sich 1 km weiter nach links mit der Bundesstraße 40, und kurz danach wird Geilo erreicht.

Kurz hinter dem Wegweiser verliert der Pfad schnell einige Höhenmeter zum Hochplateau oberhalb des Ustedalen.

Anstatt der seit Tagen üblichen kahlen Hochebene wachsen hier üppige Sträucher, zwischen denen man sich hindurch schlängelt. Vereinzelt stehen bereits die ersten Birken.

Im leichten Auf und Ab schlängelt sich der gut zu gehende Pfad an Teichen vorbei, überspringt kleine Bäche und streift östlich am idyllischen See **Biskolatjørni** (1.092 m) vorbei. Schließlich erreicht man die jäh abfallende Bergkante ins Ustedalen. Steil steigt man ins Tal ab und taucht nach ein paar Metern in den Wald ein.

Auf einem Absatz kommt von oben die Querverbindung von der Hakkesetstølen-Route hinzu. Beim Wegweiser erblickt man zum ersten Mal Geilo in der Ferne, davor den großen See Ustedalsfjorden.

Der Abstieg setzt sich steil bergabwärts durch wild wuchernden Urwald fort. Unterwegs ergeben sich immer wieder schöne Ausblicke nach Osten über das Ustedalen. Schließlich wird der Talgrund erreicht. Rechter Hand am Waldrand wird eine neue Straße angelegt. Der Pfad verläuft allerdings zwischen den Bäumen weiter bis zur Brücke, die einen oberhalb des **Ustedalsfjorden** (770 m) über den Strom **Usteåni** bringt.

Von dort führt eine Straße über einen Hügel zu einer asphaltierten Nebenstraße. Man wendet sich nach rechts und landet an der Bundesstraße 7.

⌘ Unterwegs machen Schilder auf eine Sehenswürdigkeit aufmerksam. Während der Wikingerzeit wurde hier Eisenerz gefördert und verhüttet. Aus dieser Zeit um 900 stammt noch dieses Grabhügelfeld Hjalmen. Jedoch hat es dem neugierigen Betrachter außer einem an einigen Stellen gewölbten Rasen nicht viel zu bieten.

Nach 4 km entlang der Hauptstraße erreicht man das Zentrum von...

Geilo (800 m)

- 🛈 Geilo Turistkontoret, PO Box 68, 3580 Geilo, ☏ 32095900, ✉ <turistinfo@geilo.no> 🖥 <www.geilo.no>
- ✴ ☏ 112 oder 32095656.
- ℞ ☏ 32090999.
- ✚ ☏ 32091377 oder 32091666
- 🏦 Mo - Mi + Fr 🕑 8:30 - 15:00, Do 8:30 - 17:00.
- ✉ Mo -Fr 🕑 9:00 - 16:00, Sa. 9:00 - 13:00.
- 🛏 zahlreiche Hotels unterschiedlicher Preisklassen und Standards, außerdem etliche Angebote, um Hütten oder Apartments zu mieten von der einfachen Blockhütte mit Kochgelegenheit bis zur Luxushütte mit Sauna.
- 🏠 Geilo Vandrerhjem, Lienvegen 137, 3580 Geilo ☏ 32087060, FAX 3208-7066, ✉ <post@oenturist.no> 🕑 1.12. - 30.4., 15.6. - 31.8., 25 Zimmer, 12 Apartments, NOK 150/Bett im Winter, NOK 120/Bett im Sommer, NOK 450/DZ im Winter, NOK 360/DZ im Sommer, Frühstück NOK 60, Abendessen NOK 90.
- ⛺ Geilo Camping og Hytter, Skurdalsveien 23, 3580 Geilo, ☏ 32090733, FAX 3209-1156, 🕑 ganzjährig, NOK 80/⛺, ab NOK 250/Hütte, 🚿.
- ✗ Zahlreiche Restaurants von der Imbißbude und Pizzeria bis zum Gourmetrestaurant.
- 🍴 Mo - Fr 🕑 9:00/10:00 - 20:00, Sa 9:00 - 18:00.
- 🚌 Hardanger Sunnhordlanske Dampskipsselskap (HSD), Innlandsveien 22, 5063 Bergen, ☏ 55596400, FAX 55596401 ✉ <post@hsd.no> 🖥 <www.hsd.no>
  Odda - Eidfjord - Geilo, 19.6. - 16.8. zwei- - dreimal tägl., 17.8. - 13.9. einmal tägl. wochentags, Geilo - Eidfjord einfache Fahrt NOK 120/Pers.

- NOR-WAY Bussekspress, ☞ Reise-Infos von A - Z, Anreise. Geilo - Oslo, wochentags zweimal täglich.
- Geilo - Tuva, Mo, Mi und Fr 03.07. - 14.08. von Geilo 11:20 und 15:05.
- Bergen-Bahn ☞ Reise-Infos von A - Z, Anreise.
- Fahrradvermietung, ½ - 1 Tag NOK 150 - 200, NOK 100 für jeden zusätzlichen Tag.
- Vestlia Skisenter, Slatta Skisenter, 🖳 <www.geilo.no>

Geilo

Vor rund 100 Jahren bestand die Sommeralm der Gemeinde Hol nur aus ein paar zerstreuten Höfen. Doch das schneesichere Gebiet am Nordrand der Hardangervidda entwickelte sich dank seiner verkehrsgünstigen Lage an der Bergen-Bahn und guten Straßenverbindungen zu den großen Städten im Süden zur Hochburg des Wintersports in Skandinavien.

Vor allem in den Osterferien sind die 2.700 Einwohner gegenüber den Gästen hoffnungslos in der Unterzahl. Über 40 Übernachtungsstätten, von Berghotels über Pensionen bis zur Hüttenvermietungen mit insgesamt weit über 4.000 Betten, prägen das heutige Ortsbild. Weiterhin verteilen sich 19 Skilifte, 29 Abfahrtspisten und 130 km präparierte Loipen in der Landschaft. Im Winter herrscht hier der übliche Skirummel, während Geilo im Sommer eher einen beschaulichen Eindruck macht. Dann stechen leider auch die zahlreichen Pisten und Lifte mehr ins Auge, die dem Tal etwas von seinem früheren Charme genommen haben. Auch die Vielzahl an Ferienhäusern bzw. -hütten weist darauf hin, daß das Tal an seine ökologischen Grenzen zu stoßen droht.

Die Radtour

Die berüchtigten Haarnadelkurven hinab ins Flåmstal

Rallarvegen

Der berühmte Bau- und Versorgungsweg *Rallarvegen* ist ein über hundert Jahre alter Transportweg, der am Ende des letzten Jahrhunderts entlang der geplanten Eisenbahntrasse über die Hardangervidda im Norden angelegt wurde und zur Beförderung von Material, Versorgungsgütern und Arbeitern während des Baus des gebirgigsten Teils der *Bergensbanen* diente. Auch heute noch zeigt der abenteuerliche Weg durch die rauhe und unwirtliche Gebirgswelt der Hardangervidda, welch spektakuläres Projekt hiermit in die Eisenbahngeschichte eingegangen ist. *Rallare* stammt aus dem Schwedischen und bedeutet: Bahnarbeiter, Streckenarbeiter, Schienenleger.

Der Bahnarbeiterweg erstreckt sich über eine Länge von 108 km zwischen Haugastøl am östlichen Rand und Voss im Westen der Hardangervidda entlang der Bergen-Bahnlinie. Er führt durch Finse nördlich des Plateaugletschers Hardangerjøkulen nach Myrdal.

Weiter geht es ab Upsete kurz hinter den Gravhalstunnel, 11 km hinter Myrdal, durch das Raundalen hinab bis nach Voss. Ein Abzweig von 17 km biegt bei Myrdal durch das beeindruckende Flåmsdal ab und folgt der berühmten *Flåmsbana* bis nach Flåm am idyllischen Aurlandsfjord. Aufgrund der erheblichen Höhendifferenzen entscheidet sich der überwiegende Teil der Radfahrer dafür, in Haugastøl zu starten. Während man dort bereits auf einer Höhe von 988 m über dem Meeresspiegel beginnt und sich der Anstieg bis zum höchsten Punkt (1.343 m) bei Fagervatnet auf ca. 40 km verteilt, müssen dagegen von Voss (57 m) und von Flåm (2 m) aus über 1.000 Höhenmeter bewältigt werden.

Insbesondere im Flåmsdalen schraubt sich der Weg am Ende des Tals in 21 atemberaubend steilen Haarnadelkurven rasant in die Höhe. Wer körperlich fit ist oder fit werden möchte, dem bietet die entgegengesetzte Richtung jedoch dafür ein langsames Eintauchen in die umgebende Landschaft mit herrlichen, von weitem sichtbaren Wasserfällen. Die verkehrsreichen und oft touristisch überlaufenen Fjorde bleiben hinter einem zurück, und man strampelt in die unbewohnte Gebirgswelt der Hardangervidda hinein. In regelmäßigen Abständen trifft man auf Bahnhöfe, die gute Ein- bzw. Ausstiegsmöglichkeiten bieten. Zweifellos ist der Teil Finse - Flåm die meist beradelte Strecke Norwegens.

Annähernd die Hälfte des Weges führt über gute Sandwege. Dennoch muß man mit einer Durchschnittsgeschwindigkeit von 10 bis 15 km/h rechnen. Etwa 45% der Strecke sind für den motorisierten Verkehr gesperrt. Diese allein für Radler und Wanderer zugänglichen Teile bestehen aus rauhen, höchst unebenen Schotterpisten, die teilweise sehr steinig und schlecht zu befahren sind (☞ Reise-Infos von A bis Z, Ausrüstung).

🖐 Bestimmte Abschnitte sind möglicherweise im Winter oder im Frühjahr während der Schneeschmelze so beschädigt worden, daß der Weg weggebrochen oder ausgewaschen ist. Altschneefelder können weitere Schwierigkeiten bereiten.

Die gesamte Strecke ist unter normalen Umständen gut in vier Tagen zu schaffen. Ohne Gepäck und mit einem Mountainbike läßt sich der *Rallarvegen* aber auch in 24 Std. abrasen. Im Hinblick auf etwaige Abstecher, schlechte Wetter- oder Schneebedingungen sollte man ein bißchen Extrazeit mit einplanen.

Die Bergen-Bahn

Die Bergensbanen gilt als eine Meisterleistung des norwegischen Eisenbahnbaus und als eine der schönsten Strecken Europas. Der in Voss lebende norwegische Förster Gløersen machte 1871 in einem Zeitungsartikel zum ersten Mal auf die Idee einer Eisenbahnverbindung zwischen Christiana (dem heutigen Oslo) und Bergen aufmerksam. 1894 wurde der Bau der Bahn vom Storting, dem norwegischen Parlament, beschlossen. Wegen der wirtschaftlichen und politischen Lage des von Schweden in Personalunion regierten Landes ging in Norwegen der Eisenbahnbau aber nur langsam voran. Es sollte ein Versuch sein, den Zusammenhalt innerhalb der damaligen Doppelmonarchie Schweden-Norwegen zu stärken, indem Stockholm und Bergen, die beiden wichtigsten Handelsstädte des Doppelreiches, miteinander verbunden wurden. Jedoch erklärte sich Norwegen 1905 selbständig, und die Bergen-Bahn bildete die Hauptader zwischen den beiden wichtigsten Städten des neuen Königreiches Norwegen, der Hauptstadt Christiana und der Hansestadt Bergen.

Zusätzlich bereiteten die schwierigen topografischen Verhältnisse erhebliche Probleme. Die Bahnlinie ist die längste Hochgebirgsstrecke Europas, ca. 100 km verlaufen oberhalb der Baumgrenze mit teilweise ewigem Schnee, starken Stürmen und meterhohen Schneeverwehungen. Im Sommer 1895 begann man mit den ersten Arbeiten unter härtesten Bedingungen. Da es auf der unbewohnten Hardangervidda keine Häuser und Hütten gab, mußten die Arbeiter zuerst, nur mit dem Notwendigsten versorgt, in Zelten schlafen. Während der Hochzeit des Baus waren mehr als 2.400 Leute gleichzeitig beschäftigt. Die Wanderarbeiter wohnten zu zwölft in einer Baracke, teilweise schliefen sogar über 40 Arbeiter unter einem Dach. Konserven, Klippfisch und Milchsuppe waren die Hauptnahrungsmittel, Kartoffeln dagegen wurden streng rationiert und waren eher eine Delikatesse.

Für den Bau standen nur die damaligen einfachen Werkzeuge wie Hacken, Schaufeln, Dampframme, Pferdekarren und Dynamit zur Verfügung. Unter größten körperlichen Strapazen wurden fast 200 Tunnel in den harten Granit geschlagen und gigantische Geröll- und Schneemassen bewegt. U.a. forderten Lawinen immer wieder Todesopfer. Nach 2,5 Mio Arbeitsstunden, mit insgesamt 15.000 Beschäftigten, 700.000 kg Dynamit und 50 Mio Kronen Kosten (dies entspricht einem damaligen norwegischen Staatsbudget), eröffnete der norwegische König Håkon VII. die 493 km lange Eisenbahnlinie am 27. November 1909 in Voss.

Bis dahin war die Hardangervidda häufig ein unüberwindbares Hindernis gewesen, die Ost und West trennte. Transport und Verkehr über die alpine Hochebene waren mühsam und gefährlich, bei schlechtem Wetter unmöglich. Oft blieb nur der langwierige Seeweg. Insbesondere im Winter bedeutete die Bergen-Bahn jahrzehntelang die einzige Landverbindung zwischen den zwei Regionen eines Staates. Dennoch brachten ungeheure Schneemassen den Bahnverkehr immer wieder zum Erliegen. Auch die durch zahlreiche scharfe Kurven geprägte Strecke beschränkte die Reisegeschwindigkeit. Um eine schnelle und sichere Verbindung zu gewährleisten, wurden ohne Rücksicht auf ökologische, soziale und ökonomische Faktoren riesige Summen investiert. Entlang der Strecke entstanden und entstehen neue Tunnel, etliche Kilometer der alten Strecke sind bereits stillgelegt. Zwar werden dadurch die laufenden Kosten der Bahnstrecke reduziert, aber die Bergen-Bahn hat auch viel von ihrem Charme verloren.

Etappe 1: Haugastøl - Finse

➲ 27 km I 3½ Std. I ↑ 234 m

Diese Strecke führt ohne große Schwierigkeiten in die grandiose Gebirgswelt der Hardangervidda hinein. Am Ende der Etappe bei Finse liegt der Gletscher Hardangerjøkulen, einer der Höhepunkte der Tour. Die Tour beginnt in...

Haugastøl (988 m)
- ℹ️ Haugastøl Touristinformation (☞ Reise-Infos von A - Z, Radvermietung), Auskünfte über Straßenverhältnisse.
- 🛏 Vegmannsbu Turistsenter PO Box 6, 3595 Haugastøl, ☎ 32087564, FAX 32087674, 🛏 ca. 15.3. bis 15.10., 56 Betten, ✗ ☛ 🅿
- ⛺ 300 - 400 m hinter dem Bahnhof, zwischen dem See und der Riksvei 7, besteht eine Möglichkeit zum Zelten.
- 🛒 Gut sortierter Laden.

🚲 Radvermietung, auch Fahrradverkauf (☞ Reiseinfos von A - Z, Radvermietung).

1 km hinter dem Bahnhof in Richtung Eidfjord biegt der ausgeschilderte *Rallarvegen* nach Nordwesten gegenüber dem **Vegmannsbu Turistsenter** von der Provinzstraße Riksvei 7 ab, bevor diese zwischen den Seen Sløtfjorden (984 m) und Nygardsvatnet (991m) hindurch quert.

✋ Auf der Strecke zwischen Haugastøl und Storurdi ist Wildzelten verboten. Schilder weisen regelmäßig darauf hin.

Die ersten 4 km führen über einen gut befahrbaren Sandweg zwischen der Bahnlinie und dem See **Nygardsvatnet** entlang. Bald läßt man die Baumgrenze hinter sich. Während die Eisenbahntrasse kurz in einem Tunnel verschwindet, quert man über eine Brücke den wild schäumenden Fluß Vikaåni. Eine kurze Steigung bringt einen in das nächst höhere Tal, wo der Weg ohne größere Steigung dem Fluß Ustekveikja folgt. Langsam tauchen immer mehr und größere Löcher in der Straße auf. Viehroste, die einen beim Queren kräftig durchschütteln, und Glockengeläut machen auf kleine Gruppen von Schafen aufmerksam, die bevorzugt mitten auf dem Weg liegen. Das Tal wird wieder etwas weiter. Man sieht kaum noch Büsche, dafür aber um so mehr Strommasten. Nach 11 km wird die Eisenbahn durch eine Unterführung gekreuzt. Ein Schild weist nach Finse. Der Weg wird steiniger mit tiefen Spuren. Der Grund dafür wird 700 m weiter ersichtlich. Ein neuer Tunnel befindet sich hier im Bau, davor Lastwagen und schweres Baugerät. Der *Rallarvegen* wird wie vor hundert Jahren zum Anliefern von Material genutzt. Eine weitere Unterführung geht unter der neuen Trasse hindurch. Neu aufgeschüttete Wegabschnitte wechseln sich mit alten ausgefahrenen ab. Lärm und der rege Bauarbeiterverkehr stören die Ruhe der umgebenden Berge.

Es geht in leichten Etappen weiter hoch, und man erreicht bei km 15 den unteren **Storurdivatn** (1.140 m). Ab hier ist die Strecke für motorisierten Verkehr gesperrt. Dennoch muß ebenfalls zwischen Storurdi und Finse mit Fahrzeugen gerechnet werden, die eine Erlaubnis von der norwegischen Staatsbahn (NSB) besitzen, den Eigentümer des *Rallarvegen*. Noch 1 km, und das **Café Storurdi** (1.150 m), das in einem ehemaligen Bahninspektorhaus eingerichtet worden ist, lädt zum Halten ein.

🛏 Storurdi-Hütte, 📅 1.7. - 31.8., 20 Notunterkünfte (primitive, etwas heruntergekommene Matratzenlager, ☎

Hinter den Gewässern des Storurdivatnet wird das Tal enger. Schroff ragen die nur mit Flechten und Moosen bedeckten Felsen auf beiden Seiten auf. Sobald die

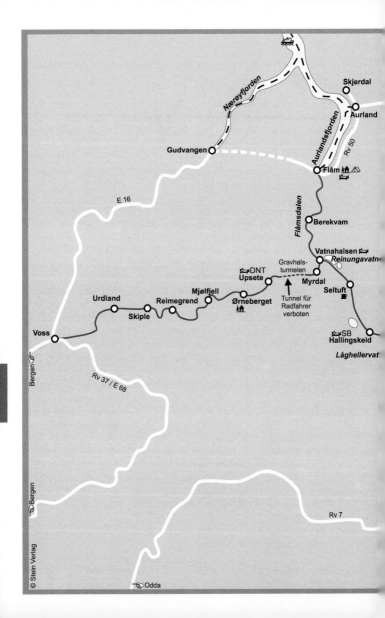

Rallarvegen

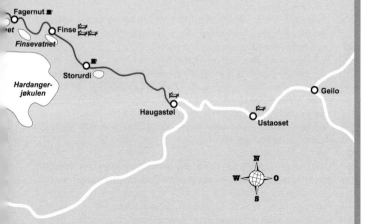

Sonne durch die Wolken bricht, strahlen sie eigentümlich leuchtend auf. Der Radweg steigt ständig weiter hinauf, mal links, mal rechts von der Bahnlinie. Diese verschwindet regelmäßig kurz in verschiedenen Tunneln. In **Oksebotn** (1.160 m) stößt man auf mehrere Zeugen der Geschichte: ein alter Hof, der früher als Sommeralm von den Bauern aus Ulvik genutzt wurde; ein ehemaliges Bahninspektorhäuschen und eine alte Baracke der Wanderarbeiter aus der Bauzeit der Bergen-Bahn. In Sichtweite wird zur Zeit an einem neuen Tunnel gearbeitet (km 22). Direkt daneben liegt der alte Tunnel, der noch in Betrieb gehalten wird. In Richtung Finse wird der Weg besser.

☺ In Finse ist Zelten verboten, man kann sich aber einen geeigneten Platz fürs Zelt ca. 1 bis 2 km vor Finse suchen.

Endlich liegt der See **Finsevatnet** (1.214 m) in einem breiten Hochtal vor einem. Nach Süden hat man einen herrlichen Blick über den See auf die Eismassen des ☞ **Hardangerjøkulen**. Nach 27 km ist der kleine Ort...

Finse (1.222 m)

erreicht. Die *Finsehytta* steht etwas abseits auf einer kleinen, in den See hineinragenden Halbinsel. Sie wurde während des Zweiten Weltkrieges von den Deutschen gebaut, die hier Treibstoffe und Motoren für Flugzeuge unter arktischen Bedingungen testeten. Nach dem Krieg übernahm der DNT sie 1947 und erweiterte die Hütte seitdem mehrmals.

- ⛺ Finsehytta, 🕐 12.3. - 7.05. + 30.6. - 17.9., 150 Betten, Verkauf von DNT-Mitgliedschaften, Hüttenschlüssel, geführte Gletschertouren.
- ⛺ Handlebu Finse 1222, ☎ 56527100, FAX 56526717,
  ✉ <firmapost@finse1222.no> 🕐 28.1. bis Ende Mai + 7.7. - 1.10., 150 Betten, Halbpension im Juli: in der Woche NOK 650/Pers., am Wochenende NOK 700/Pers., Aug. - Sept. in der Woche NOK 700/Pers., am Wochenende 775 NOK/Pers., ein alter Eisenbahnwaggon dient als Verbindungsgang zwischen den beiden Hauptgebäuden, 🚂 🚲
- 🚲 Fahrradvermietung und -werkstatt im Bahnhofsgebäude (☞ Reiseinfos von A - Z, Radvermietung).
- 🍴 Im Bahnhofsgebäude.
- ⌘ Rallarmuseum Finse im Keller des Bahnhofgebäudes, ☎ 56526966, FAX 56526836, ✉ <finse-rm@online.no> 🖥 <http://rallarmuseet.no> 3.2. - 6.7. wochentags 🕐 9:00 - 15:00 + 7.7. - 30.9. täglich 🕐 10:00 - 22:00, NOK 20/Pers., Kinder NOK 10. Darstellung der Bergen-Bahn von der Idee bis zur Eröffnung, leider auf Norwegisch, dafür sehr viele Illustrationen, Originalgegenstände und Fotos, im Internet auch Infos über den Rallarvegen.

Seit der Erschließung des Gebietes mit der Eisenbahn ist Finse zum touristischen Mittelpunkt der Hardangervidda geworden. Interessant ist nicht nur die Finsestation, der höchstgelegene ganzjährig befahrbare Bahnhof Europas. Zusätzlich zum Wander- und dem vor einigen Jahren auflebenden Radtourismus im Sommer setzte hier auch massiv der Skitourismus ein.

Seine Nähe zum Hardangerjøkulen bleibt allerdings für Finse der Hauptanziehungspunkt. Die Gletscherzunge Blåisen mit ihren zerklüfteten Eiskaskaden ist besonders beeindruckend.

Teil der alten Eisenbahntrasse

☺ Es lohnt sich, das Rad einmal beiseite zu stellen und einen Ausflug zur Gletscherzunge Blåisen zu unternehmen. Ein Weg führt von Finse aus direkt an sie heran (☞ Tour 1, Etappe 1).

Im Sommer 1909 wurden in Finse und Haugastøl Berghotels eröffnet, die sich schnell äußerster Beliebtheit erfreuten. 1910 erreichte die Anzahl der Besucher so enorme Ausmaße, daß die norwegische Eisenbahngesellschaft ihren ersten Oster-Sonderzug einführen mußte.

Das war der Beginn einer typisch norwegischen Eigenheit, die sich bis heute eher noch verstärkt hat. Jedes Jahr aufs Neue setzt in den Osterferien eine wahre Massenflucht der gesamten norwegischen Nation in die Berge ein. Hütten bersten aus allen Nähten, und die Einsamkeit der Berge sucht man vergeblich. Viele Jahre lang mußte die Eisenbahn Schlafwagen zur Verfügung stellen, um Skifahrer unterzubringen.

Der Hardangerjøkulen

Der Plateaugletscher Hardangerjøkulen ist mit seiner Eiskappe von 73 km² der sechstgrößte Gletscher Norwegens und mit der höchsten Erhebung von 1.862 m ein weitreichender Blickfang. In den letzten 30 Jahren schmolz er aufgrund der globalen Klimaerwärmung ab. Im Jahr 1969 bedeckte er noch 78 km². Keine andere norwegische Eiskappe ist so einfach von den großen Städten aus zu erreichen. Daher wählte der DNT sie 1958 für ihren ersten Trainingkurs im Eisklettern aus. Dieser wurde hochbeliebt. Jährlich finden heute von Finse aus 7 Kurse mit insgesamt 112 Teilnehmern statt. Im Mai kombinieren viele Skifahrer eine Überquerung des Gletschers mit der Blütezeit der Obstbäume im Hardangerfjordgebiet, und niemals sind mehr Leute auf seinem Gipfel als am 17. Mai, Norwegens Nationalfeiertag.

Andererseits ist mit Hardangerjøkulen ebenfalls eines der schlimmsten und dramatischsten Unglücke in den Bergen verbunden, über das noch immer gesprochen wird. Zu Ostern im Jahre 1920 verloren drei Skifahrer ihr Leben auf der Westseite der Eiskappe. Zwei Gruppen von Skifahrern verließen Finse bei gutem Wetter. Ein fürchterlicher Sturm überraschte sie jedoch auf ihrem Weg zur Demmevass-Hütte. Zwei Männer fielen in einen Abgrund, ein dritter erfror. Ein weiterer fiel in eine Gletscherspalte, wo er einen Mann aus der anderen Gruppe fand, der bereits alle Hoffnung aufgegeben hatte. Sie konnten sich gegenseitig heraus helfen und schafften es, die Demmevass-Hütte zu erreichen. Das Unglück führte zur Gründung des norwegischen Roten Kreuzes und später zur Markierung der Winterrouten zwischen vielen Hütten. Auch während des Zweiten Weltkrieges sorgte der Hardangerjøkulen für Gesprächsstoff. Für die Norweger diesmal allerdings ein Grund zum Schmunzeln. Die deutschen Besatzungskräfte versuchten oben auf der Fläche der Eiskappe einen Flugplatz zu bauen. Sie benutzen Sägemehl, um eine ebene Rollbahn anzulegen. Einem Flugzeug gelang es auch tatsächlich zu landen - nur beim Abflug rutschte es dann in eine Gletscherspalte!

Etappe 2: Finse - Vatnahalsen

➲ 36 km | 4½ Std. | ↑ 121 m, ↓ 531 m

Die zweite Etappe ist die schneereichste der ganzen Tour. Auf ihr gewinnt man den nachhaltigsten Eindruck von den Naturgewalten, die hier besonders im Winter auf der Eis- und Felswüste der Hardangervidda toben.

In schneereichen Jahren kann es durchaus passieren, daß das Fahrrad mühselig kilometerweit durch Schnee geschoben werden muß (☞ Reise-Infos von A bis Z, Beste Reisezeit) und sich dadurch die Fahrzeit für die Etappe sogar verdoppelt

Direkt hinter dem **Hotel Finse 1222** führt der *Rallarvegen* zwischen dem See Finsevatnet, auf dem auch im Sommer noch Eisschollen treiben können, und den

Bahnschienen weiter. Nur ein paar Meter, und die neue Trasse entzieht sich im 1993 eröffneten *Finsetunnel* den Blicken. Der Bahnarbeiterweg aber folgt der nun stillgelegten alten Trasse in einem Bogen. Die Oberleitungen sind abmontiert, und die Schneeverbauungen (große Holzverschalungen oder Röhren aus Wellblech und Metallplatten, die die Gleise gegen Schneeverwehungen schützen sollen) zerfallen langsam.

Nach 1½ km wechselt man auf die rechte Seite durch eine Unterführung und fährt angenehm steigend in eine immer großartiger werdende Landschaft hinein. Beiderseits des Weges liegen immer wieder Altschneefelder. Unterwegs passiert man die alte Steinhütte **Sandå** (1.280 m) beim **Sandåvatnet** (1.265 m), die 1897 für die Landvermesser der Eisenbahn errichtet worden ist. Nicht weit davon entfernt liegt die frühere Wetterstation **Slirå** (1.300 m).

Dann endlich ist der **höchste Punkt** (1.343 m) beim See **Fagervatnet** (1.294 m) nach 9 km erreicht. Das mag im Vergleich zu den Alpen nicht besonders hoch erscheinen, aber aufgrund der nördlichen Lage sind die klimatischen Bedingungen (☞ Land und Leute, Klima) auf der Hardangervidda so extrem, daß hier sogar Südpolexpeditionen trainierten. Ein großes Holzschild am Wegesrand weist auf den Wendepunkt der Tour hin. Jetzt heißt es abwärts rollen.

Kurz danach trifft man in **Fagernut** (1.310 m) ein.

⌘ In dem ehemaligen Bahninspektorhaus, gebaut 1904, befindet sich heute neben einem Café ebenfalls ein kleines Museum, das einen interessanten Einblick in das Leben der Bahninspektoren unter den extremen Bedingungen der Hardangervidda bietet.
♦ Juli - September 🕐 10:00 - 16:30.

Nun folgt bis zu **Låghellerhyttene** hinunter das schlechteste Stück der Strecke.

✋ Hier sollte man vorsichtig hinabfahren, denn der Weg ist übersät mit groben Steinen, losem Schotter und Löchern.

Nach einem ca. 200 m langen steilen Stück folgt direkt darauf ein schmaler Durchgang in der Schneeverbauung der Eisenbahn. Bevor diese Teilstrecke stillgelegt worden ist, war die Querung der Gleise dort hindurch eine nicht ungefährliche Angelegenheit. Nur ein lautes Tuten warnte vor den herannahenden Zügen. Auf der anderen Seite geht der Weg an der Verbauung entlang weiter. Der Abhang linker Hand des Weges ist steil und tief. Falls man noch früh im Jahr unterwegs ist, muß man hier über Schneeverwehungen hinübersteigen, die sehr eisig sein können und wenig Halt bieten. Beim **Låghellervatnet** (1.180 m) endet der Finsetunnel. Während die alte Trasse noch eine große Nordostkehre macht, gehen die neue Trasse und die Radstrecke gerade weiter hinunter ins **Moldådalen**. Bei km 22 stößt man auf die Häuser von **Hallingskeid** (1.110 m). 70 m oberhalb davon ragen Blechtunnel aus Schnee und Fels hervor, in denen sich der Bahnhof von Hallingskeid versteckt.

SB DNT-Hütten, ganzjährig, nicht abgeschlossen, fließend Wasser,

Hinter Hallingskeid geht es weiter hinab. Unterwegs findet man viele schöne Plätze an einem See oder Fluß zum Zelten. Die Vegetation nimmt wieder zu, und vereinzelt sieht man die ersten Birken. Beim **Klevavatn** (946 m) wechselt man durch einen kleinen Felstunnel wieder auf die andere Seite der Bahnlinie, während die Bergen-Bahn oberhalb davon aus einem Tunnel kommend über die schöne Steinbrücke Klevabrua (956 m) donnert. Unter ihren Steinbögen rauscht ein Wasserfall in mehreren Kaskaden ins Tal, das sich in eine wilde, enge Schlucht verwandelt, die **Klevagjelet-Schlucht**.

Dieses Stück verlangt höchste Konzentration. Der grobschotterige, unbefestigte, schmale Weg fällt jäh steil zum wild wirbelnden Fluß hin ab. Absturzgefahr!

Plötzlich öffnen sich die Felswände, und vor einem liegt ein wunderschönes Tal, in dem sich der Fluß zum See hinschlängelt.

Ein Schild weist auf das 500 m entfernte Café Seltuft am **Seltuftvatn** hin. Die Gegend um Seltuft wurde bereits in der Steinzeit besiedelt. Hier stößt man auch auf die Baumgrenze.
- Café Seltuft, Aurland, ☎ 57632365, Juli - September.
- Wildzelten möglich, schöne Plätze.

Hinter dem Seltuftvatn radelt man in kleinen Serpentinen durch einen Birkenwald zum nächsten See hinunter, dem **Reinungavatnet** (765 m). Noch einmal muß man alle Kräfte mobilisieren, wenn die letzten Meter nach **Vatnahalsen** (812 m) wieder hochsteigen. Ein Skilift am Hang weist darauf hin, daß hier im Winter ein kleines Skigebiet ist.

Vatnahalsen Høyfjellshotell, 5718 Myrdal, ☎ 57633722, FAX 57633767, <vatnahalsen@c2i.net> 1.2. - 15.12., 100 Betten, NOK 565 - 650/EZ, NOK 860 - 1030/DZ, ✗

Ab Vatnahalsen bieten sich verschiedene Möglichkeiten an. Einmal kann man die Tour über Myrdal direkt nach **Voss** fortsetzen (☞ Etappe 4). Die landschaftlich einmalige Strecke durch das Flåmsdalen nach **Flåm** sollte man sich aber auf keinen Fall entgehen lassen (☞ Etappe 3). Radmüde aber können ihre Tour sowohl nach Myrdal als auch nach Flåm mit der *Flåmsbana* fortsetzen, die hier ebenfalls hält.

Etappe 3: Vatnahalsen - Flåm

◌ 17 km ▮ 1½ Std. ▮ ↑ 810 m

Die dritte Etappe folgt der spektakulären *Flåmsbana* (☞ Die Flåm-Bahn) durch das zauberhafte Flåmsdalen hinunter zum schönen Aurlandsfjorden. Unter Mountainbikefreaks zählt sie zu der schönsten Down-Hill-Strecke Norwegens. 810 spannende Höhenmeter gilt es auf teilweise über 15% Gefälle zu bewältigen. Man verläßt dabei das rauhe Gebirge und kommt in die liebliche, typisch westnorwegische Fjordlandschaft. Unterwegs erlebt man ein Wechselspiel der Natur in all seinen grünen Nuancen und einen Querschnitt durch die norwegische Landschaft und Vegetation. Mehr als 500 Pflanzenarten sind in diesem Gebiet gefunden worden - die Hälfte aller Gebirgspflanzen in Norwegen.

Hinter **Vatnahalsen** quert man die Gleise der *Flåmsbana* und stößt bald auf eine Gabelung. Die *Bergensbanen* laufen oberhalb am steilen blanken Fels entlang, in den die Trasse gesprengt worden ist. Diverse Metallkonstruktionen schützen sie gegen Wind und Wetter. Die Bahnstation **Myrdal** liegt weiter bergauf, wo der alte Bahnarbeiterweg in Richtung Voss vorerst kurz unterbrochen wird (☞ Etappe 4).

Zu den Füßen liegt das **Flåmsdalen**. Steil fallen die Berghänge vom Myrdalsplateau am Ende des Reinungavatnet 350 m tief in den Talkessel hinab. Direkt hinter der Gabelung beginnen die berüchtigten 21 Haarnadelkurven, mit denen die Höhenmeter rapide über einen schmalen und miserablen Schotterweg auf der orogenetisch rechten Talseite abnehmen (📷 Seite 121).

✋ Die Strecke von Flåm bis zum Bahnhof von Myrdal ist für den motorisierten Verkehr freigegeben. Aufgrund der schlechten Wegverhältnisse, des sehr schmalen Fahrwegs und des losen Gerölls empfiehlt es sich, hier besonders auf entgegenkommenden Verkehr zu achten. Entsprechend augenfällige und kuriose Schilder warnen davor.

✋ Auch das extreme Gefälle, teilweise über 15% über eine längere Strecke, sollte unbedingt berücksichtigt werden. Es besteht die Gefahr, daß sich die Bremsen überhitzen und ihre Bremskraft verlieren. Absturzgefahr!

Luftiger Zeltplatz oberhalb des Kjosfossen

Rechts vom Weg windet sich die *Flåmsbana* am Berghang in atemberaubenden Kehren entlang, die zum Teil in Tunnel entlangführen, um den gewaltigen Höhenunterschied zu meistern (☞ Die Flåm-Bahn).

Links donnert der Wasserfall **Kjosfossen**, dessen Wassermassen 225 m in die Tiefe stürzen. Der Kjosfossen wird vom Reinungavatnet gespeist, von wo aus das Wasser durch einen Wassertunnel unter der Bahntrasse hindurch zum Kraftwerk geleitet wird. Dieses wiederum liefert den Strom für die Flåm-Bahn.

Schließlich erfolgt nach 2 km die letzte scharfe Serpentine. Zahlreiche Wasserfälle rauschen am Wegesrand vorbei. Ein weiterer größerer Wasserfall, der **Kårdalsfossen**, wird passiert. Eine alte Brücke von 1896 führt über den Fluß in der Talmitte. Im Westen ragt der Berg **Trollanuten** (1.514 m) auf, eine gefährliche Naturerscheinung, die in jedem normalen Schneewinter Lawinen vom steilen Berghang ins Tal schickt. Dann wird man von einem dunklen ca. 100 m langen Tunnel verschluckt und landet nach 11 km beim Bahnhof **Berekvam** (343 m).

🛏 Tunshelle Gard, 5743 Flåm, ☏ + FAX 5763-3920, NOK 550/Hütte.

Von Berekvam aus ergibt sich ein faszinierender Blick in eine tiefe Schlucht, in der sich unten der Fuß schlängelt. Das Flåmsdalen wurde in Gesteinsarten aus der ältesten Erdzeit hineingeschnitten. Gletscher und Flüsse haben im Laufe der Zeit den Aurlandsfjord und das Tal herausgehobelt. Dabei entstanden auch sogenannte Gletschermühlen, die durch das Schmelzwasser der Gletscher nach der letzten Eiszeit ausgewaschen wurden. Am Grund der größten Gletschermühle hinter dem Hotel in Flåm fand sich über 9.000 Jahre altes Geschiebematerial.

Der Wasserfall Kårdalsfossen

☺ Entlang des Flusses kann man mehrere schöne Gletschermühlen und tiefe, vom Wasser in den Fels geschnittene Schluchten entdecken, wenn man bei Berekvam die alte Straße auf der orogenetisch rechten Seite des Tales nimmt.

Gemütlich rollt das Rad 3½ km gen **Dalsbotn** (200 m), die nächste Haltestation des Zuges. Kurz davor liegt der

Hof Styvisethaugen, der auf einem riesigen Stein gebaut wurde. Ein anderer Stein bildet die 8 m hohe, natürliche Brücke über den Fluß. Die Sandstraße weicht dem Asphalt. Das Tal weitet sich und schmückt sich mit Höfen. Auf der orogenetisch linken Talseite stürzt sich der gewaltige Wasserfall **Rjoandefoss** 140 m die Berghänge hinunter.

✝ In der Nähe steht die **Kirche von Flåm** von 1667.

Die ersten Siedlungen im Flåmsdalen gehen auf die Zeit um 4900 v.Chr. zurück. Bis 1834 standen auf einer Lichtung direkt vor der Kirche 17 heidnische Bautasteine als Zeugnisse einer 2.500 Jahre alten Kultur. Diese Steine gaben der Ortschaft Fretheim bei Flåm ihren Namen: *ganga til frettar* (norw. gehen, um zu fragen) - der Ort, wo man die Götter um Rat fragte. Heute fungieren die Bautasteine als Bänke in einem kleinen Park der nächsten Ortschaft Lunden.

Schließlich erreicht man...

Flåm (2 m)
am Ende des Aurlandsfjorden, ein langgezogenes Dorf mit der Endstation der Flåm-Bahn und Hafen.

- 🛈 Turistinformasjon Flåm, Bahnhof, ☎ 57632106, FAX 57632211, 💻 <www.alr.no> 🛏 ganzjährig.
- 🚕 Taxi, ☎ 9450-4931.
- 🏥 Mo - Fr 🕐 8:30 - 15:00.
- ☕ Mo - Fr 🕐 9:00 - 15:30, Sa 🕐 9:00 - 12:00.
- 🏦 Mo - Do 🕐 9:00 - 16:30, Fr 🕐 9:00 - 18:00, Sa 🕐 9:00 - 13:00.
- 🛏 Fretheim Hotell, 5743 Flåm, ☎ 57636300, FAX 57636400, ✉ <mail@fretheim-hotel.no> 💻 <www.fretheim-hotel.no> 🛏 ganzjährig, 251 Betten, NOK 895 - 995/EZ, NOK 990-1.290/DZ.
- ♦ Heimly Pensionat, 5743 Flåm, ☎ 57632300, FAX 57632340, 🛏 ganzjährig, 49 Betten, NOK 350 - 575/EZ, NOK 500 - 850/DZ.
- ♦ Furukroa, 5743 Flåm, ☎ 5763-2325, FAX 57632363, ✉ <furukroa@frisurf.no> 🛏 ganzjährig, 16 Betten, NOK 590/EZ, NOK 750 - 950/DZ.
- 🏠 Vandrerhjem Flåm, 5743 Flåm, ☎ 5763-2121, FAX 57632380, ✉ <camping@flaam-camping.no> 🛏 1.5. - 1.10., 20 Betten/6 Zimmer, NOK 105/Pers. oder NOK 150 - 175/DZ ohne Frühstück, kein Abendessen, ⛺
- ⛺ Flåm Camping, kleiner Campingplatz neben der Jugendherberge, NOK 60/Zelt und Pers., NOK ab 350/Hütte, Anmeldung in der 🏠

- Brekkegard, Hüttenvermietung, ☏ + FAX 57632384.
- Frethjem Fjordhytter, 5743 Flåm, ☏ 57632245, Handy 91727969, ✉ <f-fjord@online.no> ganzjährig, NOK 600 - 1.200/Hütte.
- Gjørven Hytter, 5743 Flåm, ☏ 57632167, Handy 94118821, ✉ <ingunn.heggdal@sf.telia.no> ganzjährig, NOK 450 - 600/Hütte

✗ Restaurant-Imbiß-Kiosk Furukroa.
- Cafeteria Heimly Pensionat.
- Stationen, Restaurant im Flåm-Bahnhof, ☏ 57632188 + ☏ 57632244.
- Togrestauranten, lokale Spezialitäten, ☏ 57632155, FAX 57632329.

⌘, Flåmsbahnmuseum, Juni - Mitte September 12:00 - 16:00 + 18:00 - 21:00, NOK 20/Erw. und NOK 15/Kind.

🚲 Radvermietung beim Informationskiosk, NOK 25/Std., NOK 125/Tag.

🚆 Flåmsbana, NSB-Persontraffik Flåm, ☏ 57632100, FAX 57632350.
Flåm - Myrdal, Anschluß an die Bergen-Bahn, 5 bis 10 Fahrten täglich, Erw. NOK 115 einfache Strecke, NOK 195 Hin-/Rückfahrt, Kinder/Rentner NOK 86, 10% Rabatt für Gruppen, NOK 50/Rad, ganzjährig.

🚌 Nor-Way Bussekspress, Karl Johansgt. 2, 0154 Oslo, ☏ 8205-4300, FAX 2300-2449 ✉ <ruteinformasjon@nor-way.no> 🖥 <www.nor-way.no>
Von Gudvangen bestehen Busverbindungen nach Voss bzw. Bergen zum Anschluß an die Bergen-Bahn, Øst-Vestekspressen/Bergen - Voss - Gudvangen - Lillehammer, 1.5. - 25.11. täglich.

- Bergen - Gudvangen - Voss: zweimal täglich, in der Saison 19.6. - 15.9. viermal täglich, 🖥 <http://ruteinfo.net>
- BHV Billag AS, 5700 Voss, ☏ 56523430, 🖥 <http://ruteinfo.net>
Aurland - Flåm - Gudvangen: 1.5. - 25.11. mehrmals täglich.
- Sogn Billag L/L, 5745 Aurland, ☏ 57633464, FAX 57633690, 🖥 <http://ruteinfo.net>
Bergen - Gudvangen - Flåm - Aurland - Geilo - Laerdal, 19.6. - 10.9. täglich.

⛴ Nærøyfjorden/Flåm - Aurland - Gudvangen 🖥 <http://ruteinfo.net>
- Expreßschiff, viermal täglich, 2 Std., NOK 120/Erw., ganzjährig.
- Fähre: 1.5. - 25.11. zweimal täglich, Juni - Mitte September bis zu sechsmal täglich, Flåm - Gudvangen NOK 155, Flåm - Aurland NOK 37, Kinder u. Rentner 50% Rabatt, 17% Gruppenrabatt.
- Fylkesbaatane i Sogn og Fjordane, Reiseservice, Strandkaiterminal, 5013 Bergen, ☏ 55907070, FAX 55907071, autom. Fahrplan ☏ 5523-0400, ✉ <fsf@fylkesbaatane.no> 🖥 <www.fylkesbaatane.no>
Sognefjord/Flåm - Bergen: Expreßschiff, 22.5. - 17.9. Mo - Sa zweimal täglich, So 15:30, ansonsten einmal täglich, 5½ Std. Fahrtzeit, Flåm - Bergen NOK 480, Flåm - Gudvangen NOK 155, Aurland - Gudvangen NOK 135, ganzjährig.

Nicht selten liegen hier große Kreuzfahrtschiffe vor Anker, die Horden von Touristen ausspucken, die gleich die Souvenirläden am Hafen erstürmen und anschließend die Waggons der Flåm-Bahn überfüllen.

☺ Wer bereits in Flåm die Radtour beenden möchte, der kann seine Rückreise noch mit einer herrlichen Fjordfahrt kombinieren.

Sowohl die Bootsfahrt nach **Gudvangen** durch den landschaftlich einmalig schönen **Nærøyfjord**, ein besonders schmaler Ausläufer des Sognefjords umgeben von bis zu 1.800 m hohen Gipfeln, als auch eine Bootsfahrt nach Bergen durch den 204 km langen **Sognefjord**, den längsten Fjord der Welt, wären ein zusätzlicher Höhepunkt zum Abschluß.

Abstecher: Flåm - Aurland - Skjerdal

➲ 28 km ▌ 1¾ Std.

Die landschaftlich reizvolle Strecke am Aurlandsfjorden entlang bis nach Skjerdal im Norden bietet eine gute Gelegenheit, die typisch westnorwegische Fjordlandschaft kennenzulernen.

Von **Flåm** aus führt die Provinzstraße Riksvei 50 flach am östlichen Fjordufer entlang.

Seit der Einweihung des *Gudvangatunnel* im Dezember 1991 stellt sie die neue Hauptverbindungsstraße zwischen Bergen und Oslo dar, die ganzjährig befahrbar ist. Im Frühling blühen hier überall Obstbäume und verwandeln die Gegend in ein Blütenparadies. In der Hochsaison im Sommer können die diversen touristischen Fahrzeuge gelegentlich etwas nerven.

Die ersten 3,5 km bis Otternes verlaufen auf einem gut ausgebauten Radweg direkt am Fjord entlang. Hier muß man wieder auf die hier enger werdende Provinzstraße zurück. Nach Aurland-Zentrum folgt man dann der Ausschilderung "Onstad". Diese Straße ist kürzer und der Tunnel wird so vermieden.

⌘ In **Otternes** befindet sich ein interessantes Freilichtmuseum mit 27 Gebäuden aus dem 17.Jahrhundert.
- Otternes Bygdetun, ☎ 57633300, 30.6. - 17.8. 🕐 11:00 - 18:00, NOK 20/Erw., NOK 10/Kinder.

Nach 8 km erreicht man...

Aurlandsvangen (Aurland)

- 🅸 Aurland Reiselivslag, Turistkontoret, 5745 Aurland; PB 53, 5741 Aurland, ☎ 57633313, FAX 57631148, ✉ <info@alr.no> 🖳 <www.alr.no>
- 🚕 ☎ 95979868.
- ✭ ☎ 5763-3400 und 57633555.
- ✚ ☎ 57633351.
- ℞ Mo - Do 🕘 9:00 - 16:00, Fr 9:00 - 18:00, Sa 9:00 - 13:00.
- BANK Mo - Mi + Fr 🕘 8:30 - 15:00, Do 8:30 - 17:00.
- ✉ Mo - Fr 🕘 9:00 - 15:30, Sa 9:00 - 12:00.
- 🛏 Aurland Fjordhotell, PO Box 7, 5745 Aurland, ☎ 57633505, FAX 57633622, ✉ <fjordhotell@alr.no> 🕘 1.5. - 31.10., 85 Betten, NOK 580 - 750/EZ, NOK 770 - 1070/DZ.
- ♦ Aurlandsdalen Hotell, PO Box 7, 5745 Aurland, ☎ 57631100, FAX 5763-3622, 🕘 1.6. - 01.9., 32 Betten, NOK 510/EZ, NOK 350/DZ.
- ♦ Vangsgaarden Motell og Robuer, 5745 Aurland, ☎ 57633580, FAX 5763-3595, ✉ <vangsgas@online.no> 🕘 15.4. - 31.10., 45 Betten, NOK 260 - 315/EZ, NOK 360 - 470/DZ, Hüttenvermietung, NOK 385/Hütte.
- ✕ Aurland Fjordhotell.
- ♦ Vangsgaarden.
- ♦ Kafe Troll, ☎ 57633666, 🕘 ganzjährig.
- ⚠🚐 Lunde Camping, ☎ 5763-3412, FAX 5763-3165, ✉ <jelun@online.no> 🕘 1.4. - 30.9., NOK 350 - 600/Hütte.
- ⚠ Winjum hytter, nur Hütten, ☎ 5763-3461 und 9462-3128, 🕘 01.05. - 15.10.
- 🚌 ☞ Flåm.
- ⛴ ☞ Flåm.

✝ Sehenswert ist hier die gotische Vangen-Steinkirche aus dem 13. Jh.. Aufgrund einer alten Saga soll *Vangskirken* zu Ehren des Königs Sverre gebaut worden sein. Sie erzählt, daß der aufrührerische König Sverre 1177 auf der Flucht vor seinem Rivalen Magnus vom Raundalen her über die Berge bis nach Flåm zog. Der Weg, den er damals benutzte, heißt auch heute noch *Sverregong* (dt. Sverregang). Bereits kurze Zeit nachdem Sverre gestorben war wurde die Kirche in Aurland gebaut.

☺ Ein anderes lohnendes Ziel ist das Wasserkraftwerk Vangen. Von der Straße aus sind die Anlagen nicht zu sehen, denn sie wurden aus Umweltschutzgründen und zur Erhaltung des natürlichen Landschaftsbildes unterirdisch in den Fels hineingebaut.

🏠　Auf den weiteren 6 km auf einer idyllischen Nebenstraße am dunkelgrünen Wasser entlang bis **Skjerdal** wird der sich nun ergebende Weitblick in den nach Westen abknickenden Fjord immer grandioser.

In der Ferne sieht man die Einmündung des Nærøyfjorden und auf dem westlichen Fjordufer direkt gegenüber von Skjerdal die Ortschaft Undredal.

⛪　Hier steht die kleinste Stabkirche Skandinaviens von 1147. Sie ist gerade mal 3,5 m breit.

Die Flåm-Bahn

Die *Flåmsbana*, eine der steilsten Eisenbahnstrecken der Welt, wurde als Stichbahn zur Bergen-Bahn gebaut, um die Transportwege zu den Orten in diesem Teil des Sognefjords zu sichern. 35 Jahre nach der Vollendung der Bergen-Bahn wurde sie 1944 von den Deutschen aus militärischen Gründen fertiggestellt, nachdem die Norweger an ihr schon fast 20 Jahre gebaut hatten.

Die 20,2 km lange Flåm-Bahn ist eine Hochgebirgsbahn, d.h. sie ist dafür konstruiert, starke Steigungen und enge Kurven zu überwinden. Sie verläuft durch 20 Tunnel von insgesamt 6 km Länge, wovon sich alleine 4 km Tunnel auf eine nur 5 km lange Stecke hinter Vatnahalsen verteilen. Sie sind zum Teil als in und aus dem Felsen führende Tunnelkehren konstruiert. Außerdem wurden sie fast alle von Hand in den Felsen gehauen. Jeder Meter bedeutete die Arbeiter einen Monat härtester Plackerei, jeder Millimeter Gleise hat eine Krone gekostet. Nicht weniger als 80% der Strecke weisen ein Gefälle bis zu 5,5% auf. Das ist Europarekord. Um bei der Bewältigung des Höhenunterschiedes von 863,5 m die Sicherheit zu gewährleisten, sind alle Züge mit fünf voneinander unabhängigen Bremsen ausgestattet, die jede für sich allein den ganzen Zug zum Stehen bringen kann. Nicht umsonst fährt die Bahn langsamer hinunter als bergaufwärts.

Mittlerweile zählt die Fahrt mit der *Flåmsbana* zu einer der faszinierendsten und schönsten Bahnreisen der Welt. Während der Hochsaison fällt es manchmal schwer, zwischen Horden von Touristen die "Idylle" zu genießen. Dennoch lohnt sich eine Fahrt auf jeden Fall. Auf der 53 Min. dauernden Fahrt hält der Zug bei den schönsten Aussichten an. Beim Kjosfossen scheinen die Wassermassen geradezu auf die Schienen zu schießen, und in Myrdal leiht man gerne einer Gruppe Japaner sein Fahrrad für das obligatorische Foto.

Etappe 4: Vatnahalsen - Myrdal - Voss

➲ 45 km ▌ 2½ Std. ▐ ↓ 793 m ↑ 60 m

Der letzte Teil und die längste Etappe des *Rallarvegen* führt durch das Raundalen hinunter nach Voss. Die kalten und unbewohnten Fjellregionen der Hardangervidda bleiben hinter einem zurück, und schon bald spürt man die deutlich wärmeren Talregionen der Provinz Hordaland. Ab Myrdal muß ein kurzes Stück mit der Bahn zurückgelegt werden. Die ersten paar hundert Meter ab **Vatnahalsen** verlaufen wie die ☞ Etappe 3.

Bei der Gabelung wendet man sich nach Südwesten und strampelt bergaufwärts auf die am Fels entlang laufende Bergen-Bahn zu. Nach insgesamt 2 km wird die **Bahnstation Myrdal (867 m)** erreicht, die gleichzeitig die Endstation der Flåm-Bahn ist.

Auf den Bahnsteigen herrscht ein riesiges Gedränge. Es wimmelt nur so von Touristen, hauptsächlich Tagesausflügler, die einmal mit der berühmten *Flåmsbana* (☞ Etappe 3) fahren wollen.

- ☕ Café Rallaren, in der Bahnstation, 🕑 ganzjährig.
- ✉ Post im Bahnhofsgebäude.
- ⌂ Myrdal Fjellstove, 5718 Myrdal, ☎ + FAX 57633708, Handy 95209216, ✉ <myrdal-fjellstove@yahoo.no>

✋ In Myrdal wird der Bahnarbeiterweg durch den *Gravhalstunnel* unterbrochen. Dieser setzt erst wieder ab Upsete auf der anderen Seite des Gebirgskammes ein. Die 11 km lange Strecke muß daher per Zug zurückgelegt werden. Allerdings halten in Upsete bei Bedarf nur die Regionalzüge (☞ Reise-Infos A bis Z, Anreise).

Es empfiehlt sich, beim Einsteigen in den Zug dem Schaffner mitzuteilen, daß man in Upsete aussteigen will.

Hinter Myrdal verschwindet die Bahn nach einer Kurve in dem 7,6 km langen *Gravhalstunnel*, der erst kurz vor Upsete endet. Die Fahrt nach **Upsete (850 m)** selbst dauert nur ein paar Minuten.

⌂ DNT Upsete Fjellstove, 5718 Myrdal, ☎ 57633713, 🕑 15.7. - 15.10., 40 Betten, NOK 280 - 330/DZ.

Obwohl der alte Bahnarbeiterweg ab hier wieder als Rad- und Wanderweg ausgezeichnet ist, dürfen die hiesigen Landeigentümer den Weg mit ihren Fahrzeugen befahren. Der rauhe Sandweg führt am Langavatn vorbei hinab ins Raundalen.

🏠🚂 Nach 6 km erreicht man die **Jugendherberge von Mjølfjell** (700 m) in Ørneberget. Die beliebte Jugendherberge, bekannt für ihre internationale Atmosphäre, hat aufgrund der vielen Besucher aus Großbritannien auch den Spitznamen "Britisches Ferienzentrum" erhalten.

Zwar hat man von der eigentlichen Etappe noch nicht viele Kilometer geradelt, aber es lohnt sich, dort einen weiteren Aufenthalt einzulegen. Das schöne beheizte Freibad der Jugendherberge verlockt zu einem ungewöhnlichen Badegenuß mitten im Gebirge. Der Jugendherberge angeschlossen liegt anbei die Berghütte **Mjølfjell Fjellstove**.

⌘ Die **Mjølfjell Ungdomsherberge** war die erste in Norwegen, die im Sinne einer Jugendherberge errichtet wurde. 1939 wurde sie hauptsächlich von freiwilligen Helfern aus aller Welt gebaut. Eine wichtige Voraussetzung war die Versorgung mit Strom. 1946 wurde ein eigenes Wasserkraftwerk gebaut. Ein Teil des Flusses im Raundalen wurde dabei durch eine hölzerne Pipeline geleitet, die noch heute in Betrieb ist. Bis in die Mitte der 60er Jahre versorgte das Werk das gesamte Mjølfjell-Gebiet mit Strom. In der Anlage befindet sich ebenfalls ein Museum.

♦ Mjølfjell Ungdomsherberge 5700 Voss, ☎ 56523150, FAX 56523151, ✉ <muhas@online.no> 🖥 <www.mjolfjell.no> 🛏 16.6. - 30.9. + 2.2. - 30.4., 68 Betten, NOK 125/Pers., ab NOK 410/DZ, Frühstück NOK 60, Abendessen NOK 105, Kinder von 3 bis 15 erhalten 50% Rabatt, zu Ostern Übernachtung NOK 50 - 100 teurer, 🚗🚲🐎

Der Weg weicht nun einer asphaltierten Straße, die für den motorisierten Verkehr freigegeben ist. Eindeutig verläßt man jetzt das Fjell und kommt in das liebliche Raundalen. Es wird wärmer, Wiesen, Wald und kleine Bauernhöfe säumen das Tal. Zügig rollt man entspannt die folgenden 7 km talwärts bis zum Ort **Mjølfjell** (627 m) und der nächsten Bahnstation.

🚂 Hier gibt es auch einen kleinen Laden, in dem man seine Vorräte ergänzen kann.

Immer mehr verliert die Landschaft ihren Gebirgscharakter. Obstgärten und Viehwirtschaft prägen das Bild. Man passiert die Bahnstation **Reimegrend**. Das Tal öffnet sich nach Norden hin und die Straße wird kurviger.

✝ Bei **Skiple** steht die **Raundal Kirke** mit dem **Rallarkyrkjegard**. Einige Wanderarbeiter, die während des Eisenbahnbaus ihr Leben ließen, haben auf diesem Friedhof ihre letzte Ruhestätte gefunden.

2 km weiter zweigt ein Sandweg nach Norden bei der Station **Urdland** in ein kleines Seitental ab. Die Straße folgt einem engen Talabschnitt nach **Klyve**, wo sich die Straße gabelt. Der Abzweig nach Kyte wird rechter Hand liegengelassen, ebenfalls noch einmal bei der **Bahnstation Ygre**.

Schließlich kommt man aus dem Raundalen heraus, und die 37 km lange Asphaltstraße mündet in die Provinzstraße **Riksvei 13** bzw. **E 16**. Auf deren anderen Seite sieht man bereits die Stadt...

Voss (57 m)

am Vangsvatnet liegen, die nach insgesamt 45 km erreicht wird.

- Voss Touristenbüro, Hestavangen 10, PO Box 57, 5701 Voss, ☎ 5651-0051, FAX 56511715, Juni - Aug. werktags 9:00 - 19:00 + So 14:00 - 19:00, die übrigen Monate Mo - Fr 9:00 - 16:00.
- Zahlreiche Hotels unterschiedlicher Preisklassen.
- Voss Ungdomsherberge PO Box 305, 5701 Voss, ☎ 56512017, FAX 5651-0837, <voss-hostel@voss.online.no> 3.2. - 31.3. und 25.5. - 19.09., 180 Betten, NOK 180/Pers., NOK 490/DZ, beides inkl. Frühstück, Abendessen NOK 80/100.
- Voss Camping, 5700 Voss, ☎ 56511597, 1.5. - 15.9., NOK 300/Hütte, NOK 70/2 Pers. und Zelt.
- Flatlandsmo Camping, 5701 Voss, ☎ 56717808, 1.05. - 15.9., NOK 250/Hütte, NOK 80/2 Pers. und Zelt.
- ☞ Reiseinfos von A bis Z, Anreise in Norwegen, Zug.
- Haukeliekspressen (☞ Reiseinfos von A bis Z, Anreise in Norwegen, Bus) nach Bergen und Richtung Oslo, Øst-Vest Ekspressen (☞ Flåm) nach Bergen und Gudvangen, NOK 123 Bergen - Voss.

Die 7.000 Einwohner zählende Stadt ist ein modernes Handels- und Verkehrszentrum und im Winter ein vielbesuchter Wintersportort.

† An Sehenswürdigkeiten hat die Stadt die Voss-Kirche zu bieten, eine Steinkirche aus dem Jahr 1270.

✄ Lohnenswert ist auch ein Besuch des Voss Folkemuseum mit alten Bauernhöfen.

- Voss Folkemuseum, ☎ 56511511, FAX 5651-8815,
  <voss.museum@c2i.net> Mai - Sept. täglich 10:00 - 17:00 + Oktober - April wochentags 10:00 - 15:00, NOK 25/Erw., Kinder gratis, ☛ Juni - August 12:00 - 16:00.

Die Skitour

Am Fuße des Berges Hårteigen

Die Hardangervidda ist eines der beliebtesten Gebiete für Skitouren im Winter, nicht nur bei den Norwegern, sondern sie wird immer mehr das Ziel ausländischer Winterurlauber. Bereits in der Umgebung des Sees Møsvatnet zwischen **Rauland** und **Rjukan** im Südosten der Hardangervidda gibt es zahlreiche Wintersportmöglichkeiten. Der mit seinen drei langgezogenen Armen größte See der Hochebene erinnert von seiner Form her an eine Hufgabel. Er erstreckt sich über 35 km (Luftlinie) von seinem äußersten Ende im Südosten an der Bundesstraße Riksvei 37 bis nach Mogen weit ins Fjell hinein.

Grundsätzlich können alle Strecken (☞ Tour 1, Tour 2, Rallarvegen) über die Hardangervidda im Winter als Skitour gelaufen werden. Zusätzlich ergeben sich noch unzählige Varianten abseits der üblichen Wanderrouten. Für viele Strecken benötigt man allerdings gute Skilaufkenntnisse und Erfahrung im Umgang mit Karte und Kompaß. Die vorgestellte Skitour über den See Møsvatnet ist als leichte Einstiegstour mit Winterzelten gedacht, die jedoch auch ihre Tücken haben kann. Die einzige Touristenhütte unterwegs in Mogen ist nur während der Osterferien geöffnet. Die ca. 80 km lange Tour folgt nahezu den Ufern des Sees und führt von Rauland aus über den westlichen Arm des Møsvatnet bis nach Mogen am äußersten Ende des Sees im Norden. Auf dem Rückweg wendet man sich ab der Seemitte nach Südosten und folgt dann dem östlichen Arm bis Skinnarbu. Die Tour kann problemlos in beide Richtungen gegangen werden. Nennenswerte Höhen- oder Kilometerunterschiede gibt es nicht. Irgendwann kommt der Wind sowieso von vorne.

✋ Die Winterrouten können sich von Jahr zu Jahr und auch innerhalb einer Wintersaison verändern. Abhängig von den herrschenden Schnee- und Wetterverhältnissen sind sie nicht genau festlegbar. Die Wintermarkierungen werden dementsprechend gesteckt. Es empfiehlt sich, den für einen selbst besten Weg selbst zu suchen und sich nur grob an den angegebenen Richtungen zu orientieren.

Bei idealen Bedingungen und hervorragender körperlicher Fitneß läßt sich die Gesamtstrecke in zwei Tagen bewältigen. Wer jedoch nicht gerade den Streß sucht, kann sie gut in vier Tagesetappen schaffen. Im Hinblick auf Schlechtwettereinbrüche sollte man allerdings etwas Extrazeit einplanen.

Rauland

ℹ Rauland Turistkontor, Postboks 64, 3884 Rauland, ☎ 35062630,
FAX 35062631 ✉ <rauland-turist@online.no>
🖥 <www.rauland.org> <www.fjell-telemark.com>

- Schneemeldung ☎ 35073375 + ☎ 35073300, 🖥 <www.rauland.org>
- Austbø Hotell, 3864 Rauland, ☎ 35073425, FAX 35073106, ✉ <austbo@rauland.org> 🖥 <www.rauland.org/austbo> Vollpension, 32 Zimmer, ab NOK 475/Pers., kleines mit vielen schönen Antiquitäten eingerichtetes Hotel, ganzjährig.
- Rauland Feriesenter, 3864 Rauland, ☎ 35073460, FAX 350-3488, ✉ <svalve@online.no> ganzjährig. 8 Hütten, die wie die alten Raulandhütten gebaut sind, hochmodern ausgestattet, ab NOK 500.
- Rauland Alpin Appartement, ☎ 35073555, FAX 35073491, ganzjährig, Apartments mit 4, 7, 8 Betten, Bettwäscheverleih, ab NOK 725/Apartment,
- Leirbekk Hytter og Fjellcamping, 3864 Rauland, ☎ 35063000, FAX 3507-3008, ✉ <svale@online.no> ganzjährig, 11 Hütten, einige mit Sauna, ✗
- Lauvåsen Hyttene, 3864 Rauland, ☎ 35073142, FAX 35073644, ab NOK 800.
- Tinn Bilag A/L, ☎ 35090990.
  Rjukan - Skinnarbu - Rauland - Åmot, Di, Do, Fr + So einmal täglich (evtl. 2001 kein Lokalbus mehr), Rauland - Rjukan NOK 70, Rjukan - Åmot NOK 95.
- Rauland Alpinskisenter, 9 Lifte, 12 Abfahrten.

Der winzige Ort am Nordufer des Sees Totakvatnet liegt inmitten der höchsten und schneesichersten Wintersportgebiete Südnorwegens: Svinafjell, Raulandsfjell (1.568 m) und die anderen Ausläufer der Hardangervidda. Zwei Skizentren sind in den umliegenden Bergen verteilt sowohl mit etlichen Abfahrtspisten als auch weitreichenden gespurten Loipen. Auf dem See hat man Gelegenheit zum Schneesurfen, Eisangeln und Hundeschlittenfahren.

✝ Sehenswert ist auch die Holzkirche von 1803, ausgestattet mit dem Inventar mittelalterlicher Kirchen.

Bis zum Ausgangspunkt der Skitour (☞ Etappe 1) sind es nur ungefähr 10 km über den Riksvei 37.

Man kann die Skitour auch bereits von Rauland aus starten. Eine der zahlreichen gespurten Loipen des riesigen Skigebietes führt zum Beginn der Tour direkt beim Rauland Høgfjellshotell.

Allerdings müssen auf dieser Strecke ca. 250 Höhenmeter überwunden werden. Durch die zusätzlichen 6 bis 7 km wird die erste Etappe insgesamt zu lang. Es empfiehlt sich, eine weitere Übernachtung unterwegs einzulegen und einen zusätzlichen Tag einzuplanen.

In der Umgebung von Rauland stehen mehrere alte Holzgebäude, die sogenannten Raulandshütten. Sie wurden im traditionellen Blockbau gezimmert, d.h. die tragenden Stämme liegen waagerecht übereinander und sind an den Ecken kunstfertig miteinander verbunden. Diese Ecken werden im Norwegischen als *laft* bezeichnet. Eine Fabrik am Longvikvatn stellt "Raulandhütten" noch nach der alten Bauweise her.

Etappe 1: Rauland - Hamaren

➲ 23 km ▎ 7 Std.

Diese Etappe verläuft zuerst durch die Moore von Rauland und entlang des geschützt liegenden Westarmes hinaus auf den offenen See.

Die Tour beginnt bei dem großen **Rauland Høgfjellshotell** (1.000 m) am Riksvei 37 und einige Kilometer südwestlich des Møsvatnet.

⌯ Rauland Høgfjellshotell, ☏ 35063100, FAX 35073577,
  ✉ <info@rauland.no> 🖥 <www.rauland.no> 🛈 ganzjährig, 250 Betten, Vollpension ab NOK 720/Pers, Sauna, Solarium, Hüttenvermietung, ab NOK 550/Hütte, ✕ ⚓ ♀ ⚹

🚌 Tinn Billag A/L ☏ 35090990.
  Rjukan - Skinnarbu - Rauland - Åmot, Di, Do, Fr + So einmal täglich (👋 evtl. 2001 kein Lokalbus mehr).

📷 Von hier aus bietet sich ein schöner Ausblick über das Raulandsfjell (1.568 m) und die Hardangervidda nach Norden und Nordwesten, im Südosten fällt das große Skigebiet von Svinefjell (1.203 m) auf.

👋 Bei Anreise mit dem Auto bereitet es Schwierigkeiten, einen gut geschützten Parkplatz zu finden, ohne daß das Auto eventuell unter Metern von Schnee begraben wird oder den Straßenräumungsfahrzeugen ins Gehege kommt.

50 m hinter dem Hotel stößt man auf gespurte Loipen, die sich durch die ganze Umgebung ziehen. Man folgt parallel der zur rechten Hand liegenden Straße einer der Loipen, die in nordöstlicher Richtung auf den Møsvatnet zuläuft. Kurz danach biegt die Riksvei 37 nach Südosten ab, während die Loipe weiter geradeaus durch das leicht wellige Gelände eines großen Moorgebietes führt. Von 500 n.Chr. bis zum finsteren Zeitalter des Schwarzen Todes, der Pest, wurde

Eisen aus dem eisenhaltigen Moorboden beim Møsvatnet und auch an anderen Stellen auf der Hardangervidda gewonnen.

Der Name Raudalen kommt von *Raudi*, das in altnorwegisch Mooreisen bedeutet. Das Mooreisenerz, eine Art rötlichbraun gefärbter Kies, wurde aus dem Moor ausgegraben und dann über einem Feuer getrocknet. Anschließend wurde das ganze in einer mit Holzkohle geheizten Hochofengrube zum Schmelzen gebracht. Die Schlacke, die einen niedrigeren Schmelzpunkt hat als Eisen, floß durch ein Loch ab und nur das Eisen blieb zurück. Es wird vermutet, daß alleine hier in der Gegend 1.300 bis 1.400 Plätze existierten, wo Eisen gewonnen wurde.

Nach ungefähr einer Stunde verläßt man die gespurte Loipe und läuft in gleicher Richtung weiter direkt auf den **Møsvatnet** zu. Teilweise muß man sich durch Gestrüpp schlängeln. Schließlich liegt nach 2½ Std. der Westarm des Sees vor

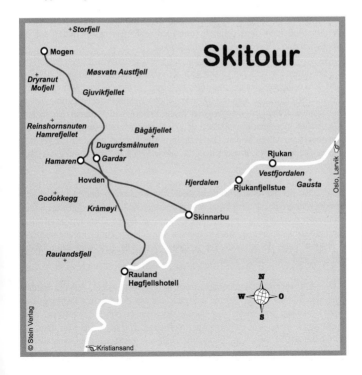

einem. Ein sanfter Abhang führt auf den Møsvatn (900 bis 919 m), der hier knapp 1 km breit ist. Im Südosten sieht man in der Ferne die Bundesstraße Riksvei 37. Man kehrt ihr den Rücken zu und wendet sich nach Nordwesten. Jetzt geht es flach auf dem See vorwärts. Die Ufer werden hier von nur kaum über 100 m aufragenden Hängen gesäumt.

1½ Std. weiter kommt man zur Insel **Kråmøy**, die erste von insgesamt drei hintereinander liegenden Inseln in der Mitte dieses Seearmes. Sie nehmen einen großen Teil der Seefläche ein. Dieser wird zu beiden Seiten der Inseln so schmal, daß der Eindruck von einem Fluß entsteht. Linker Hand liegt die Bergkuppe **Falkenut** (1.096m), (☞ Der Falkenfang).

☺ Bei schlechtem Wetter empfiehlt es sich, sich links von den Inseln zu halten und am westlichen Uferrand des Sees entlang zu laufen. Die Berghänge, die hier langsam an Höhe gewinnen, ermöglichen eventuell eine bessere Orientierung. Außerdem wird dadurch vermieden, daß man später mitten auf der ungeschützten offenen Seefläche herauskommt.

Bei gutem Wetter lohnt es sich aber, sich rechter Hand von Kråmøy zu halten und dem östlichen Ufer des Seearmes zu folgen. Zwischen den Inseln ist es relativ windgeschützt, so daß häufig eine schöne Schneedecke entsteht, die ein entspanntes Dahingleiten entlang der Inseln Kråmøy und Mellomøy ermöglicht. Die flachen moorigen Inseln lassen sich im Winter schneebedeckt kaum von der Seeoberfläche unterscheiden. Die letzte Insel Hovden ragt bereits in die Seemitte hinein. Nach 1½ Std. erreicht man die offene Seefläche, der Kernteil des Møsvatnet.

✋ Wo der See offener wird, ist die Fläche windanfällig und es kann es sehr windig werden. Bei starkem Wind wird der Schnee weiträumig weggeblasen. Dort muß man dann auf blankem Eis laufen. Die Skier finden überhaupt keinen Halt und rutschen ständig weg. Man kommt nur sehr schlecht voran. Im ungünstigsten Fall kann sogar der gesamte See freigelegt sein. Die Tour wird dann äußerst anstrengend und unangenehm.

✋ Ein weiterer zeitraubender Faktor ist der Wind selbst. Auf der Hardangervidda können heftige Stürme auftreten, die aus der falschen Richtung kommend, nämlich von vorne, das Vorwärtskommen erheblich erschweren, wenn nicht sogar unmöglich machen. Man muß damit rechnen, daß man dann das Doppelte an Zeit benötigt. Sehr schmerzhaft sind zusätzlich die Eiskristalle, die der Wind ins Gesicht treibt.

Mit der Ruhe ist es hier besonders an schönen Tagen vorbei. Etwas weiter trifft man auf die Hauptroute der Schneeskooter zu den diversen Hütten in den Bergen. Sie verläuft quer über den See zwischen Skinnarbu an der Riksvei 37 und Mogen. Dort zerstreut sich alles ins Hinterland. Mit Hilfe der Schneeskooter werden im Winter Vorräte zu den Hütten gebracht. Deren laut dröhnender Motorenlärm zerreißt die Stille.

Auffallende rot leuchtende Stöcke markieren diese wichtige Verbindungsstrecke. Ihr folgt man 4 km nach Nordwesten. Wo sie in einem weiten Bogen nach Nordosten abbiegt, hält man weiter nach Nordwesten auf die Berghänge des Hamrefjellet (1.517 m) zu. 1 Std. nachdem man auf die Schneeskooterspur gestoßen ist, erreicht man die Gebäude von Hamaren am Westufer. Auf den leicht bewaldeten Hängen läßt sich ein geeigneter windgeschützter Platz zum Zelten finden.

Der Falkenfang

Der Falke hat vielen Höhen auf der Hardangervidda seinen Namen gegeben: Falkeriset, Falkevæven, Falkabrotet und sehr häufig Falkenut. Die Namen weisen daraufhin, daß dort früher Falkenfang stattgefunden hat. Ausländer, oft Holländer, fingen ihre Falken häufig in Norwegen. Sie konnten für einen einzelnen Vogel bis zu NOK 50.000 (heutiger Wert und entspricht ca. DM 11.400) erzielen. Meistens erfolgte der Verkauf an reiche Leute in Europa, wo die Vögel zur Jagd eingesetzt wurden.

Falkner trugen die Falken, deren Augen mit einer Kappe verdeckt waren, auf ihrem mit Leder geschützten Handgelenk. Wenn ein passendes Tier in Sicht war, wurde die Kappe entfernt, der Falke stürzte sich auf das Opfer, tötete es und brachte seine Beute zu Boden. Der Falkner übernahm die Beute, gab dem Falken zur Belohnung ein Stück Fleisch und setzte ihm wieder die Kappe auf. Der Falke war bereit zur nächsten Tötung.

Der Falkenfang fand in Norwegen während des Mittelalters bis zum 18. Jh. statt. Zum Fangen der Vögel wurde eine Hütte benutzt, von der zwei Schnüre zu den Spitzen zweier Masten außerhalb der Hütte gespannt wurden. Als Köder diente eine Taube, die an der Schnur befestigt war und zu einer der Mastspitzen hingezogen wurde. Wenn diese dann von einem Falken angefallen wurde, warf man schnell ein Netz über ihn. Spuren dieser Fangtechnik lassen sich wahrscheinlich überall in Norwegen an den meisten Höhen mit dem Namen Falkenuten entdecken. Außer beim Berg Falketind in Jotunheimen, der seinen Namen von Touristen aufgrund seiner Erscheinung erhielt.

Etappe 2: Hamaren - Mogen

➲ 19 km ▎ 6 Std.

Diese Etappe führt in den fjordähnlichen Nordarm des Møsvatnet bis zum Rand des Hardangervidda-Nationalparks.

Vom Zeltplatz aus steigt man wieder hinunter zum See und wendet sich nach Norden. Kurz danach taucht die Schneeskooterspur wieder vor einem auf.

Man folgt ihr in den nördlichen Ausläufer des Sees hinein, der sich bald verschmälert. Die umrahmenden Berge ragen bis zu 600 m auf. Die unteren Hänge sind mit Tannenbäumen bewaldet.

Nach 6 km macht der See einen schwungvollen Bogen, genannt Kovesandsundet, nach Nordwesten. Bei starkem Wind aus Nordwesten wird der fjordähnliche Seearm zu einem richtigen Windkanal.

☺ Um dem Wind zu entgehen oder blankes Eis zu vermeiden, können gute Skifahrer (nicht für Ungeübte geeignet) auch etwas oberhalb des Sees an den Bergflanken entlang laufen. Allerdings muß man dann ständig den Bäumen ausweichen, die ein gleichmäßiges Vorwärtskommen behindern. Auf Dauer wird dies ziemlich anstrengend.

Der Weg steigt die ganze Zeit leicht an. Die Hütte **Gjuvik** (4 km) am Fuße des Gjuvikfjell (1.571 m) wird passiert, wo der See in einem leichten Schlenker vom Gjuvikfjorden in den Vinjefjorden übergeht. In der Ferne ist das Ende des Sees bei Mogen zu sehen. Die Schneeskooterspur führt nun direkt darauf zu. 10 km hinter Juvik steht man vor der **DNT-Hütte von Mogen**. Zwei Naturschutzgebiete umschließen das Talende, der Hardangervidda-Nationalpark von Norden und Westen und die Møsvatn Austfjell Landskapsvernområde von Osten.

🛏🛏 DNT-Hütte Mogen, ☏ 3507-4115, 🍴 nur in den Osterferien + 30.6. - 10.9., 48 Betten, außerhalb der Osterferien muß man hier im Winter zelten, geeignete Plätze neben der Hütte.

Einen weiteren Hinweis auf die Geschichte der Hardangervidda (☞ Etappe 1, Der Falkenfang) liefert der Name des Gipfels **Dyranut**, auf den man von Mogen aus eine schöne Aussicht nach Süden hat. Namen, die mit *Dyr* beginnen, zeigen, daß an diesen Plätzen häufig Rentiere gefunden wurden.

Mit viel Glück kann man vielleicht auch einige der wildlebenden Rentiere (☞ Land und Leute, Fauna) entdecken. Sie weiden bevorzugt im Gebiet des Flusses **Kvenna** (auch Kvenno geschrieben), der von Westen aus dem beeindruckenden Tal Kvennedalen kommend bei Mogen den Møsvatn speist.

Etappe 3: Mogen - Gardar

Die Etappe 3 entspricht der ☞ Etappe 2.

Wo der schmale Nordarm sich wieder weitet und in den offenen See mündet, folgt man aber weiter dem Ostufer des Sees in südöstlicher Richtung.

🐾 Kurz danach taucht die Hütte von **Gardar** am Fuße des Kvamsfjellet (1.474 m) auf, wo man sich einen Zeltplatz am Hang für die Nacht sucht.

Etappe 4: Gardar - Skinnarbu

➲ 18 km ▮ 5½ Std.

Die letzte Etappe führt durch den östlichen Seearm bis nach Skinnarbu. Im Sommer verkehrt zwischen Skinnarbu und Mogen auf dem Møsvatnet das Touristenboot *M/B Fjellvåken*.
Von **Gardar** aus geht es weiter entlang der Schneeskooterspur. Vom See aus eröffnet sich ein herrliches Panorama nach Süden über die weiße Seenlandschaft.
Nach 4 km kommt man in den östlichen Arm. Linker Hand erheben sich die Berghänge des **Kvamsfjellet** (1.474 m) und des **Bågåfjellet** (1.411 m), während rechter Hand die wenigen wesentlich niedrigeren Hügel der Halbinsel liegen, die den See hier in die zwei großen Arme teilt. Das ganze Gebiet östlich des Møsvatnet bildet ein an den Nationalpark anschließendes Landschaftsschutzgebiet, die **Møsvatn Austfjell Landskapsvernområde**.
Die hohen Gipfel weichen immer weiter zurück. Die Berghänge flachen ab, und beiderseits befinden sich im Sommer große Moorflächen mit zahlreichen Seen. Die eigentliche Seeoberfläche bildet bei Sundet einen schmalen Durchlaß. Etwas über 1½ Std. erfordert diese Strecke seit der Einfahrt in den östlichen Arm. Am Horizont läßt sich bereits das Ende des Sees ausmachen. In der Nähe der Ufer treffen sich bei schönen Wetter in diesem Teil des Gewässers die Eisangler. Wundern sollte man sich auch nicht, falls plötzlich etwas Großes, Buntes auf einen zugeschossen kommt. Das neueste Schneevergnügen *Upski* besteht darin, sich mittels eines sogenannten Skisegels rasant durch die Landschaft ziehen zu lassen.
2½ Std. dauert es noch, bis dann das **Berghotel Skinnarbu Høyfjellshotell** (925 m) an der Riksvei 37 erreicht ist, das westlich des Staudamms Møsvassdammen liegt.

- Skinnarbu Høyfjellshotell Møsvatn, 3660 Rjukan, ☎ 35095461, FAX 35095455, ▯ ganzjährig, 200 Betten, NOK 720 - 930/Pers., Kinder 3 bis15 Jahre 50% Rabatt, unter 3 Jahren 75%, Solarium, Sauna, ⚃ ✗ ⚑ ⚐ ⚔ 🚗
- Frøystul Seter, 3658 Miland, Handy 94172590, Übernachtung auf einem alten traditionellen Almhof.
- Tinn Bilag A/L ☎ 35090990.
  Rjukan - Skinnarbu - Rauland - Åmot, Di, Do, Fr + So einmal täglich (evtl. 2001 kein Lokalbus mehr).

Bei klarer Sicht hat man vom gerade renovierten Hotelkomplex einen herrlichen Weitblick über den See auf die Bergwelt der Hardangervidda.

Gerade zurück aus der Natur gerät man in Skinnarbu gleich wieder in den Touristenrummel, denn 500 m dahinter beginnt der...

Møsvatn Skipark

Mit seinen verschiedenen Wintersportmöglichkeiten zieht er etliche Leute an.

- Hardangervidda Høgfjellshotell, Møsvatn, 3660 Rjukan, ☎ 35095600, FAX 35095601, NOK 735/EZ, NOK 1020/DZ inkl. Frühstück.
- Møsstrond Landhandel, gegenüber dem Hotel am See, ☎ 35095425,
- Hardangervidda Nationalparkzentrum, eröffnet im Juli 2000, ✗ mit traditionellen Gerichten der Gegend, ▯ 1.7. - 30.9. täglich 10:00 - 18:00.
- Møsvatn Skipark, 2 Lifte, 5 Abfahrten
- Tinn Bilag A/L, ☎ 35090990.
  Rjukan - Skinnarbu - Rauland - Åmot, Di, Do, Fr + So einmal täglich (evtl. 2001 kein Lokalbus mehr).

Der aufgestaute Møsvatnet ist der wichtigste Wasserlieferant für den Fluß **Måna**, der beim Møsvassdammen aus dem See entspringt und in einigen spektakulären Stufen in dem anschließenden steil abfallenden Tal Vestfjorddalen entlang fließt.

Die Wasserfälle, u.a. der Rjukanfossen, ermöglichten Anfang dieses Jahrhunderts die Errichtung von Wasserkraftwerken und den Einzug des Industriezeitalters mit einem gewissen Wohlstand (☞ Land und Leute, Geschichte).

Im Winter jedoch bekommen die Bewohner des sehr tiefen Tals so gut wie nie einen Sonnenstrahl zu sehen. Eingekesselt zwischen über 1.000 m aufragenden Bergen sorgt insbesondere die markante Silhouette des südlich gelegenen Gipfels **Gausta** (1.883 m) wochenlang für Schatten.

☺ Es lohnt sich, im **Vestfjorddalen** noch etwas zu verweilen, das viele interessante Sehenswürdigkeiten zu bieten hat. Im Zweiten Weltkrieg spielte es in Norwegens Geschichte eine wichtige Rolle (☞ Land und Leute, Geschichte). Dort findet man auch weitere gute und teilweise günstigere Übernachtungsmöglichkeiten.

Vestfjorddalen

- 🛈 Rjukan Turistkontor, Torget 2, 3660 Rjukan, ☎ 35091290, FAX 35081575, <info@visitrjukan.com> 🖥 <www.visitrjukan.com> <www.fjell-telemark.com>
- 🚗 Rjukan Taxisentral.
- 🏊 Rjukan Svømmehall, ☎ 35091290.
- ℞ Rjukan Apothek, bei der Touristinformation.
- BANK Mo - Mi + Fr ◨ 8:30 - 15:00, Do 8:30 - 17:00.
- ✉ Mo - Fr ◨ 9:00 - 16:00, Sa 9:00 - 13:00.
- 🛏 Park Hotell Rjukan, Sam Eydes gt. 67, 3660 Rjukan, ☎ 35082188, FAX 35082189, ◨ ganzjährig, 39 Zimmer, NOK 790/EZ, NOK 940/DZ, am Wochenende zusätzl. einfaches Bett NOK 455, ✕ ♀
- ♦ Rjukan Gjestehus, Såheimsvegen 11, 3660 Rjukan, ☎ 35092161, 32 Zimmer, 🍳
- ♦ Rjukan Hytteby, Brogt. 9, 3660 Rjukan, ☎ 35090122, FAX 350-0132, ◨ ganzjährig, 10 Hütten, Nachbau historischer Hütten vom Anfang des 19. Jh., ab NOK 495.
- ♦ Rjukan Hytte- og Caravanpark Gullsmedhagen, 3658 Miland, ☎ 3509-6353, ◨ ganzjährig, 10 Hütten, NOK 200 - 650, 🚐
- 🛏DNT Rjukan Fjellstue, 3660 Rjukan, ☎ + FAX 35095162, ◨ 12.2. - 24.4.+ 30.6. - 24.9., 10 km östlich von Skinnarbu an der Riksvei 37, 104 Betten, NOK 300/Pers. inkl. Frühstück, NOK 175/Abendessen, 10% DNT-Rabatt, NOK 500/Hütte, Kinder 6 - 12 Jahre 50% Rabatt, Jagd- und Angellizenzverkauf, ✕ 🎣
- 🏠 Rjukan Vandrerhjem, Birkelandsgt. 2, 3660 Rjukan, ☎ 35090527, FAX 35090996, ◨ ganzjährig, 73 Betten, NOK 110 - 280/Pers., NOK 55/Frühstück, Halbpension ab NOK 190, 🍳
- ⚠ Rjukan Hytte- og Caravanpark, 3658 Miland, ☎ 35096353, FAX 35096230, <rjukanh.c@tm.telia.no> NOK 40/Zelt, NOK 20/Auto, NOK 70/Wohnwagen.
- ℋ Norsk Industriarbeidermuseum, Vemork-Kraftwerk, 3660 Rjukan, ☎ 3509-5153, FAX 35095139, ◨ 1.5. - 30.9., Geschichte der Industrie, Energie und Weltkriege ab 1900, auch außerhalb der Zeit nach Anfrage beim Touristenbüro oder dem Museum, NOK 55/Erw., NOK 30/Kind.

- ☺ Maristu-Schlucht, 260 m tiefe und spektakuläre Schlucht beim Vemork-Kraftwerk.
- ♦ Mår-Kraftwerk, 4 km östlich Rjukan, wurde abenteuerlich in den Fels gesprengt, daneben die längste Holztreppe der Welt (3875 Stufen).
- ♦ Krossobanen, ☎ 35081500, FAX 35081605, ganzjährig, Standseilbahn zum Aussichtsberg Gvepseborg, Rundblick über die gesamte Bergwelt, NOK 25/einfache Fahrt, NOK 15/Kind.
- 🚌 Rjukan - Skinnarbu - Rauland - Åmot, Di, Do und Fr 12:40 und So 16:40 von Rjukan (evtl. 2001 kein Lokalbus mehr), Rjukan - Rauland NOK 70, Rjukan - Åmot NOK 95, Tinn Bilag A/L ☎ 35090990.

Geografische Begriffe und Index

Entlang des Flusses Berdølo

Geograf. Begriffe

Norwegisch	Deutsch
aksla	Ausläufer
ås	Bergrücken
austre	östlich
bakke	Hügel, Hang
bekk	Bach
botn	Tal
bre	Gletscher
bru	Brücke
dal	Tal
egg	(Gebirgs-)kamm
eid	Landenge
elv	Fluß
fjell	Berg, Gebirge
fonn	Gletscher
foss	Wasserfall
fylke	Regierungsbezirk
hall	Abhang, Halde
hals	(Land-, Meer-), Enge
hamar	steiler Fels
haug	Hügel, Anhöhe
hei	Heideland
helle	Felsplatte
høgda	Hügel
holm	Insel
hytte	Hütte
juv	Schlucht, Kluft
jøkul	Gletscher
leger	Unterstand
li	Berghang
myr	Moor
nedre	untere
nibba	Gipfel
nordre	nördlich
nut	Gipfel, Spitze
øvre	oberer
øy	Insel
os	Seeabfluß, (Fluß-) Mündung
pigg	Gipfel
rygg	(Gebirgs-)kamm
seter,	Alm
sjø	See
skar, skard	Einschnitt, Paß
skavl	steile Schneewehe, Wächte
skog	Wald
slette	Fläche
søre	südlich
stein	Fels
sti	Pfad, Weg
stor	groß
stup	Abgrund
tind	Gipfel
tjørn	See, Teich
topp	Spitze, Gipfel
tun	Hof
ur, urd	Geröllabhang
våg	Bucht
vann, vatn	Wasser, See
varde	Steinhaufen, Steinmann
vesle	klein
vestre	westlich
vei	Straße, Weg
vidda	Hochebene
vik	Bucht
voll	Bergwiese

Index

A
Ambjørsvatnet	115
Angeln	31
Årmoteggi	98
Aurland	149
Ausrüstung	38
Austdalen	104

B
Bågåfjellet	163
Bakketjørnbekken	121
Bekkheldrane	93
Belebotn	94
Berekvam	146
Bergen-Bahn	135
Besså-Turisthytte	116
Besso	118
Bewirtschaftete Hütten	63
Bismarvatn	116
Bjoreio	82
Blåisen	76, 141
Bråstøl	106
Brokafossen	112

D
Dalsbotn	146
Diplomatische Vertretungen	48
Djupa	122
Drykkjestein	113
Dyranut	162
Dyrhaugane	74

E
Einreisebestimmungen	49
Eriksbudalen	119

F
Fagervatnet	143
Fahrradvermietung	60
Falkenfang	161
Falkenut	160
Fauna	24
Feiertage	50
Fetafossen	84
Finse	73, 140
Finsevatnet	73
Flåm	144, 147
Flåm-Bahn	151
Flåmsdalen	145
Flautenuten	115
Fljotdalsfjellet	85
Flora	22
Flußdurchquerungen	56
Fossli	79

G
Ganzjahresbrücken	56
Gardar	163
Gausta	164
Geilo	102, 127
Geitsjøhovda	124
Geld	50
Geografie	17
Geologie	17
Geschichte	13
Gesundheit	51
Gjuvik	162
Grasnuten	126
Grønevatnet	93, 126
Grønodalen	88
Grytevatnet	93
Grytingstøl	106
Gudvangen	149

H
Hadlaskard	87
Hakkesetstølen	130
Hallingehaugane	84

Index

Hamaren	158	**L**	
Hardangerfjord	17	Låghellerhyttene	143
Hardangerjøkulen	17, 73, 140	Lakadalsbergi	118
Hardangervidda-Nationalpark	11	Langetjørni	126
Hardingslepa	13	Litlos	94
Hårteigen	88	Litlosvatnet	93, 114
Hårteigshæane	92	Løitsdokktjørn	100
Haugastøl	136	Luranuten	75
Haukeliseter	97		
Hedlo	86	**M**	
Heinseter	122	Mælandsvegen	13
Hellevassbu	94	Mannevasstoppen	99
Helvtaråi	79	Maristu-Schlucht	166
Holmasjøen	99	Middalsbu	109
Høloksli	84	Midstrandnuten	121
Hordaland	17	Mjølfjell	153
Husaskarddalen	110	Mogen	162
		Moldnuten	78
		Møsvatn	159, 164
J		Myrdal	145, 152
Jedermannsrecht	53		
Jugendherbergen	66	**N**	
		Nærøyfjord	149
		Naturgefahren	57
K		Nordmannslågen	108
Kaledonische Gebirgsbildung	18	Nordmannsslepa	13, 120
Kårdalsfossen	146	Numedalen	17
Kikut	130	Nutavatnet	75
Kjosfossen	146	Nygardsvatnet	137
Klentenuten	106		
Klevagjelet-Schlucht	144	**O**	
Klyve	154	Oksebotn	140
Kråmøy	160	Organisierte Touren	59
Kreditkarten	51	Ostanuten	98
Kvamsfjellet	163	Otternes	149
Kvamsnuten	110		
Kvenna	162	**P**	
Kvennenutane	94	Post	60
Kyrkjesteinsdalen	88	Prestkono	94

R

Rallarvegen	134
Ramnabergnuten	74
Ramneberget	94
Rauhellern	118
Rauland	156
Reimegrend	153
Reinungavatnet	144
Reisezeit	61
Rembesdalseter	73
Rembesdalsskåki	75
Rjotoseter	87
Rjukan	156
Røldal	102
Røldalsvatnet	103

S

Sandåi	74
Sandfloeggi	98, 111
Sandhaug	114
Schutzhütten	126
Selbstbedienungshütten	64
Seterwirtschaft	27
Sigridtjørni	96
Simadalen	75
Sima-Kraftwerk	80
Simletind	98
Skinnarbu	163
Skjerdal	149, 151
Skjerjavatnet	126
Skrovstjørni	120
Skykkjedalsvatnet	79
Sognefjord	149
Sommerbrücken	56
Sprache	61
Storahorgi	115
Storurdivatn	137
Sudskardet	98
Svartrandane	75

T

Tageslicht	62
Telefon	62
Telemark	17
Tindevatnet	128
Tinnhølen	119
Torehytten	87
Tormodbekken	122
Trinkwasser	68
Trollanuten	146
Tufteelva	110
Tuva	125

U

Unterkunft	63
Upsete	152
Urdland	154
Ustaoset	127
Ustedalsfjorden	131
Ustekveikja	74
Ustetind	128

V

Valldalen	105
Vassdalen	113
Vatnahalsen	142, 152
Veslekoll	94
Vestfjorddalen	165
Vilurenuten	96
Vombsflatane	119
Vøringsfossen	79
Voss	144, 154

W

Wanderrouten	56
Wegmarkierung	56

Z

Zelten	66

Weitere Handbücher für Outdoorfans

Mit dem Zelt unter dem klaren Sternenhimmel übernachten, abends noch am Feuer sitzen, morgens die Kühle des Waldes erleben und einen weiteren Tag vor sich haben mit nichts als der wunderbaren endlosen Wildnis um sich herum. Wer hat nicht schon davon geträumt, einfach einmal alles hinter sich zu lassen und die Natur hautnah zu erleben?

Doch gleichgültig, ob man als gestandener Outdoor-Reisender zum wiederholten Male dem Ruf der Wildnis folgt oder zum ersten Mal "Outdoor-Luft" schnuppert, solch ein Abenteuer bedarf einer gründlichen Vorbereitung. Geschrieben von erfahrenen Outdoorern sind die **Outdoorhandbücher** des Conrad Stein Verlages da genau das Richtige. Mit vielen nützlichen Informationen, amüsanten Anekdoten, Fotografien, Karten und Skizzen vermitteln sie Basiswissen für Draußen und laden sie zum Schmökern - vor, während und nach der Reise - ein.

Symbole, wie zum Beispiel Smileys ☺ oder eine Hand ☞ weisen auf besondere Tips, Ärgernisse und andere interessante Kapitel hin. Eine klare Gliederung der Kapitel und Pfeile ▶ vor den wichtigsten Punkten machen es leicht, sich in den Handbüchern zurechtzufinden.

Dank ihres **handlichen Formats** passen sie in jede kleine Seitentasche am Rucksack oder in der Jacke und werden so zum ständigen Begleiter. Auch den Geldbeutel belasten sie verhältnismäßig wenig. Besonders schön: Die Stein-Handbücher veralten nicht, dafür sorgen **Updates** im Internet auf der **Homepage** des Verlages.

Wer andere Regionen Norwegens "erwandern" möchte, dem sei unser OutdoorHandbuch **Jotunheimen** empfohlen. Es behandelt eine der wildesten Gebirgsregionen Nordeuropas, das in der nordischen Mythologie als das "Heim der Riesen" gilt. Die Autorin beschreibt zwei unterschiedlich große Rundtouren sowie eine West-Ost-Querung über das höchste Gipfelgebiet Norwegens.

Wer es etwas weniger anstrengend, dafür aber ebenso beeindruckend mag, der sollte mit dem Wohnmobil die **Nordkaproute** von Oslo bis hoch an den nördlichsten Punkt Europas fahren. Die rund 2.200 km lange Strecke führt durch atemberaubende Gegenden, die Wegbeschreibung orientiert sich nicht nur an der berühmtesten Straße nach Norden, der E 6, sondern auch Abstecher und Sehenswürdigkeiten abseits der gängigen Route werden beschrieben.

Auch die norwegischen Nachbarländer können mit einer imposanten, weitgehend unberührten Natur aufwarten. Für "Outdoor-Einsteiger" empfiehlt sich der südschwedische **Skåneleden**. Der ehemalige Königsweg reicht vom Öresund an der Westküste bis zum Kalmarsund an der Ostküste und führt durch eine idyllische Kulturlandschaft, die aufgrund ihres milden Klimas und der üppigen Vegetation auch der "Garten Schwedens" genannt wird.

Rauher sind da schon der "echte" Königsweg **Kungsleden** entlang der schwedisch-norwegischen Grenze und der **Sarek** im äußersten Norden Schwedens. Die Wandermöglichkeiten in den nordschwedischen Nationalparks sind schier endlos, unser OutdoorHandbuch **Sarek-Padjelanta-St.Sjöfallet-Abisko-Kebnekaise** bietet Vorschläge für Sommer- und Wintertouren.

Auch auf der sogenannte **"Bärenrunde"** am finnischen Polarkreis läßt sich unberührte Natur abseits der Zivilisation erleben. Die Bärenrunde ist im Sommer ideal für all die, die erste Wildniserfahrungen sammeln möchten, eine Wintertour im Oulanka-Nationalpark ist jedoch auch für erfahrene Outdoorer eine echte Herausforderung. Zusätzlich zu den Sommer- und Wintertouren werden auch Kanutouren im Nationalpark beschrieben.

Wenn also das nächste Abenteuer lockt, vergessen Sie nicht Ihren "Stein"!

Alle Bücher aus dem Conrad Stein Verlag

OutdoorHandbücher
Basiswissen für Draussen

Band		DM
1	Rafting	12,80
2	Mountainbiking	12,80
3	Knoten	12,80
4	Karte Kompaß GPS	14,80
5	Eßbare Wildpflanzen	12,80
6	Skiwandern	12,80
7	Wildniswandern	12,80
8	Kochen 1 aus Rucksack u. Packtasche	12,80
9	Bergwandern	12,80
10	Solo im Kanu	12,80
11	Kanuwandern	14,80
12	Fotografieren	12,80
13	Wetter	12,80
14	Allein im Wald - Survival für Kinder	12,80
15	Wandern mit Kind	12,80
16	Sex-Vorbereitung Technik Varianten	12,80
20	Wüsten-Survival	14,80
21	Angeln	14,80
22	Leben in der Wildnis	14,80
24	Ratgeber rund ums Wohnmobil	14,80
25	Wale beobachten	14,80
30	Spuren & Fährten	14,80
31	Canyoning	14,80
34	Radwandern	14,80
35	Mushing - Hundeschlittenfahren	14,80
36	Gesund unterwegs	12,80
39	Erste Hilfe	14,80
45	Solotrekking	12,80
48	Outdoor für Frauen	12,80
58	Fahrtensegeln	14,80
65	Seekajak	12,80
68	Minimal Impact - Outdoor - naturverträglich	12,80
69	Abenteuer Teeniegruppe	12,80
70	Wintertrekking	12,80
72	Schnorcheln und Tauchen	12,80
73	Trekkingreiten	14,80
77	Wohnmobil in USA und Kanada	19,80
86	Regenwaldexpeditionen	14,80
94	Wattwandern	14,80
97	Urlaub auf dem Land	14,80
99	Kochen 2 für Camper	12,80
100	Ausrüstung 1 - von Kopf bis Fuß	14,80
101	Ausrüstung 2 - Camp und Küche (Herbst 2001)	14,80
102	Ballonfahren	12,80
103	How to shit in the Woods	14,80
104	Globetrotten	14,80
106	Daumensprung und Jakobsstab	12,80
108	DocHoliday - Taschendoktor für Outdoorer und Traveller	12,80

OutdoorHandbücher
Der Weg ist das Ziel

Band		DM
17	Schweden: Sarek	24,80
18	Schweden: Kungsleden	22,80
19	Kanada: Yukon	24,80
23	Spanien: Jakobsweg	24,80
26	Schottland: West Highland Way	24,80
27	John Muir Trail (USA)	22,00
28	Landmannalaugar (Island)	22,00
29	West Coast Trail (Kanada)	22,00
32	Radtouren in Masuren (Polen)	24,80
33	Trans-Alatau (GUS)	22,00
37	Kanada: Bowron Lakes	22,00
38	Polen: Kanutouren in Masuren	24,80
40	Trans-Korsika - GR 20	24,80
41	Norwegen: Hardangervidda	24,80
42	Nepal: Annapurna	22,00
43	Schottland: Whisky Trail	24,80
44	Tansania: Kilimanjaro	24,80
49	USA: Grand Canyon Trails	22,00
50	Kanada: Banff & Yoho NP	22,00
51	Tasmanien: Overland Track	22,00
52	Neuseeland: Fiordland	22,00
53	Irland: Shannon-Erne	22,00
54	Südafrika: Drakensberge	22,00
55	Spanien: Pyrenäenweg GR 11	22,00
56	Polen: Drawa	19,80
57	Kanada: Great Divide Trails	22,00
59	Kanada: Wood Buffalo NP	19,80
60	Kanada: Chilkoot Trail	22,00
61	Kanada: Rocky Mountains/Rad	22,00

Nr.	Titel	DM
62	Irland: Kerry Way	22,00
63	Schweden: Dalsland-Kanal	24,80
64	England: Pennine Way	24,80
66	Alaska Highway	24,80
71	Spanien: Jakobsweg – Nebenrouten in Nordspanien	24,80
74	Nordirland: Coastal Ulster Way	22,00
76	Pfälzerwald-Vogesen-Weg	22,00
78	Polen: Pisa-Narew-Kanu	19,80
79	Bolivien: Choro Trail	22,00
80	Peru: Inka Trail u. Region Cusco	22,00
81	Chile: Torres del Paine	24,80
82	Norwegen: Jotunheimen	19,80
83	Neuseeland: Stewart Island	19,80
84	USA: Route 66	22,00
85	Finnland: Bärenrunde	19,80
87	Montblanc-Rundweg - TMB	19,80
88	Griechenland: Trans-Kreta	19,80
89	Schweden: Skåneleden	19,80
90	Mallorca: Serra de Tramuntana	19,80
91	Italien: Trans-Apennin	19,80
92	England: Themse	19,80
93	Spanien: Sierra Nevada	24,80
95	Norwegen: Nordkap-Route	24,80
96	Polen: Czarna Hancza/Biebrza-Kanu	19,80
98	England: Offa's Dyke Path	19,80
107	GR 5 Genfer See - Nizza (2001)	24,80
109	Mecklenburg. Seenplatte (2002)	19,80
112	Norwegen: Telemarkkanal (2002)	19,80
113	Deutschland: Rennsteig (2002)	19,80
114	Alpen: Dreiländerweg (2002)	19,80
115	Slowakei: Friedensweg (2002)	19,80

OutdoorHandbücher
Fernweh-Schmöker

Band	Titel	DM
46	Blockhüttentagebuch	24,80
47	Floßfahrt nach Alaska	22,00
75	Auf nach Down Under	14,80
105	Südsee-Trauminsel (Tom Neale)	19,80
110	Huskygesang	14,80
111	Liebe, Schnaps, Tod	19,80

ReiseHandbücher

Titel	DM
Alaska	34,80
Antarktis	49,80
Australien-Handbuch	44,80
El Salvador/Honduras	34,80
Die Kirchen Gotlands	24,80
Grönland	26,80
Iran	44,80
Kanadas Westen	39,80
Kanalinseln	29,80
Kanarische Inseln	29,80
Kiel	19,80
Kiel von oben - Luftbildband	49,80
Komoren	24,80
Kurs Nord	49,80
Libanon	24,80
Libyen	39,80
Mexikos Süden, Belize & Guatemala	36,80
Neuseeland-Handbuch	36,80
Ontario mit Montréal & Québec	29,80
Phuket & Ko Samui	29,80
Reisen mit Hund	19,80
Rumänien	26,80
Schweiz	36,80
Sibirien	36,80
Slowakei	29,80
Spitzbergen-Handbuch	39,80
Tansania / Sansibar	39,80
Travel Planet - Almanach f. 4 Kontinente	29,80
Überwintern - Langzeiturlaub im Süden	19,80
USA - Nordwesten	34,80

Fremdsprech

Band	Titel	DM
1	Oh, dieses Dänisch	9,80
2	Oh, dieses Schwedisch	9,80
3	Oh, dieses Spanisch	9,80
4	Oh, dieses Englisch	9,80
5	Oh, dieses Französisch (2002)	9,80

☺ **Weitere Bände in Vorbereitung. Fordern Sie unseren aktuellen Verlagsprospekt an.**

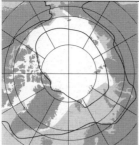

Arktis, Antarktis:
Kompetenz und Auswahl

Weil Arktis und Antarktis extreme Reisegebiete sind, hat sich terra polaris konsequent auf diese Regionen spezialisiert.
Als Spezialagentur, die eine entsprechend große Auswahl ausgefallener Reisen verschiedenster kleiner Veranstalter aus mehreren Ländern anbietet.
Mit der Arktiskompetenz etwa unserer Schwesterfirma Spitsbergen Tours Andreas Umbreit, dem langjährigsten Veranstalter Spitzbergens.

Wir verkaufen nicht nur Reisen, sondern beschäftigen uns auch mit den Zielgebieten: kennen Sie unser Spitzbergen-Handbuch (über 500 Seiten) oder Kurs Nord - Das Seereisen-Handbuch ?
Spitzbergen, Grönland, Russische Arktis, Amerikanische Arktis, Antarktis sind unsere Reiseregionen - südlichere Ziele wie Island oder Skandinavien und Massentourismus überlassen wir weitgehend anderen.
Polarnacht, Hundeschlitten, Skitouren, Motorschlitten. Sommer: Ortsaufenthalte, Küstenschiffsreisen, Wandern, Trekking, Studienreisen, Sonderarrangements

terra polaris -   Fachagentur Andreas Umbreit für Polarreisen
Am Boxberg 140, D-99880 Leina, Tel. 03622-901633, Fax 901634. e-mail: info@terrapolaris.de
Individuelle Infopakete - möglichst genau Reiseart und Zeitraum anfragen.

TREKKING -„MAHLZEITEN"

F. Schultheiss

Postfach 2430

D-64533 Mörfelden-Walldorf

Tel. (06105) 456789

Fax (06105) 45877

www.trekking-mahlzeiten.de